運を開く

神社のしきたり

JN252563

三橋　健

青春新書
INTELLIGENCE

はじめに

五十余年前、わたしは日本文学を学ぶため、東京の渋谷にある國學院大學に入学しました。正門を入ると右側の一角に神社があり、正直いって驚きました。その神社は「神殿《しんでん》」と呼ばれており、今も同じ場所に鎮座《ちんざ》しています。

入学式の日、神殿で入学奉告祭《ほうこくさい》が行なわれました。わたしは祭式作法の美しさに魅了されました。中でも祝詞奏上《のりとそうじょう》は印象的で、内容は理解できませんでしたが、独特の抑揚《よくよう》に魂を揺さぶられたことを今でもはっきりと覚えています。そのとき、わたしは神道《しんとう》や神社、また祭などについて学びたいという気持ちになりました。

神殿では毎月朔日《ついたち》に月次祭《つきなみのまつり》が行なわれました。わたしはいつの間にか、その祭に参列するようになり、将来は神職《しんしょく》になろうと思いました。それで大学一年の春休みに、神職養成講習会を受けて神職資格を取得し、間もなく練馬区の某神社の「宮守《みやもり》」となりました。

日課はかなり厳しいもので、毎朝五時に起床、社殿内の掃除、そして六時の時報とともに太鼓を打ち、続いて大祓詞《おおはらえのことば》をあげ、境内《けいだい》の掃除、朝食、そして大学へ行きます。講義が終わると急いで帰り、午後五時に太鼓を打ち、拝殿《はいでん》の戸を閉めるという、いわば「一に掃除、二に掃除、三四がなくて五に掃除」という日々でした。大学卒業後は「まことの行学者《ぎょうがくしゃ》」をめざして、宮守を続けながら大学院に進み、神道学を専攻しました。そこで信仰と学問とは必ずしも一致しないことを知り、大いに悩み、苦しみました。

本書には、その頃のわたしの悩みや苦しみが所々に率直に述べてあります。一例を示すと、「神様は昼も夜もわたしたちを祈っておられる」というところです。これは「祈り」について考えていたとき、神様から教えられたことでした。そのことがわかったとき、わたしの祈りは、おのずと「感謝の祈り」へと変化しました（なぜわたしの祈りが神様にはおよばないのかということについては、追って説明いたします）。

本書には「神様や神社への心がまえ（しきたり）」を書きましたが、これらのことを知識として理解するだけでは不十分で、それを実践に移すことが大切だと感じています。そうすることにより、「神を畏《おそ》れて、人を恐れず」という毅然《きぜん》とした態度が身に付き、清く正しく美しい生活が送れるようになります。それは「神様に好かれる人」を意味し、ご利《り》益《やく》も倍増することでしょう。

三橋　健

運を開く 神社のしきたり◉目次

はじめに 3

第一章 「神社」のしきたり 11
――なぜ神社にお参りするとご利益があるのか

【ご利益】そもそもご利益とは何か 12
【神域】神社のある場所とはどんなところか 16
【参道】真ん中を歩いてはいけない理由 19
【拍手】神様との縁を結ぶ作法 22
【鳥居としめ縄】神様が鎮まっておられる場所を示す目印 30
【氏神様と氏子】祖先神に一生護ってもらうためのしくみ 34
【参拝】なぜ神社にお参りするとご利益があるのか 39

■神社と祭神■日本人にとって不可欠な存在 43

第二章 「開運招福」のしきたり 47
――なぜおみくじを二度引いてはいけないのか

■運と運命■運を引き寄せるたった一つの方法 48
■お賽銭■投げ入れてこそ厄が祓える 54
■おみくじ■なぜ二度引いてはいけないのか 58
■パワースポット■神様が祟る場所に「よい気」が生まれる 62
■お札とお守り■ご利益にあずかる飾り方、持ち方 66
■絵馬■願いを叶えてもらうためのしきたり 70
■暦■毎日の吉凶を占う羅針盤 73
■豆まき■節分の豆が邪霊災厄を取り払うわけ 77
■破魔矢・ダルマ・招き猫■縁起がいいのはなぜか 80

第三章 「延命長寿」のしきたり——なぜ七五三を祝いに神社へ行くのか　85

厄年 「役年」であり「厄年」である　86
厄祓い 新しい自分を誕生させるための方法　90
七五三 「神様の子」の成長を奉告する　94
ひな人形と鯉のぼり 子どもの厄や穢れを祓う儀式　97
長寿の祝い 還暦、古希、喜寿…のそもそもの由来　101
お正月 新しい年の魂を「御霊飯」としていただく　104
初詣 「元日」と「初日の出参り」の意味とは　108
お年玉 年神様からの「賜り物」を子どもたちに与える　111
花見 稲の神様に秋の豊作を祈る宴　114
お祭り 氏神様と氏子を結び付ける神輿の巡行　117

■大掃除■新しい年の神様を招くための「煤払い」 121
■門松・鏡餅・雑煮■年神様を迎えるための目印や依代 123
■年賀状■お祝いの言葉をいち早く伝えるために 126
■神前結婚式と神葬祭■神様とともに行なわれる二つの儀式 128

第四章 「商売繁盛」のしきたり
――なぜ家を建てるときに地鎮祭をするのか

133
■商売繁盛■神道における原則とは 134
■職業神■経験から生まれた「神様のご利益分担」 137
■仕事始め■「資生産業是神業」という考え方 140
■地鎮祭■土地の神様を祭り、霊を鎮める神事 143
■神棚■家や店のどこに祭ればいいのか 146
■家の神■火の神、水の神、竈の神の祭り方 150

〖初午〗お稲荷さんと縁を結ぶ大切な日　153
〖酉の市〗縁起物の熊手で福をかき集める　156

終章　「神道」のしきたり　159
――なぜ神道を学ぶと幸せになれるのか

清く正しく美しく生きるのが神道の教え　160
神様の御恵みをいただきながら働く　162
「働くこと」と「清めること」の関係　166
「お祓い」でなぜ罪や穢れが清められるのか　170
祝福の言葉を述べれば幸せが訪れる　173
「人の暮らし」は「神様の行ない」そのものである　175
「幸運」は正直者のもとにやってくる　177
「心で見る」「心で読む」ということ　180

「産む」よりも「育てる」 183
いまこそ大切なのは「祈り」である 186

カバー写真：大森通明／アフロ
本文DTP：ハッシィ

第一章

「神社」のしきたり

——なぜ神社にお参りするとご利益があるのか

ご利益　そもそもご利益とは何か

■氏子からのご質問に悩んだ日々

神職《しんしょく》として神明《しんめい》に奉仕をしていたときのこと。ある氏子《うじこ》の方から、次のようなご質問を受けたことがありました。

「神主《かんぬし》さん、神様からご利益《りやく》をいただくには、どうすればいいですか？」

「お賽銭《さいせん》は多くあげれば、それだけご利益も多いのでしょうか？」

わたしは神職の資格を取得したばかりで、まだ日も浅かったせいもあり、どう答えるべきか悩んだものでした。

その後、神道学《しんとう》を志して大学院に入って本格的に神道を勉強するようになりました。そのようなときでも、何となく気になっていたのは、かつて氏子から受けた素朴なご質問でした。しかし、大学院ではそれらの質問に対して真剣に答えてくれる講義や演習はなく、神道の歴史や思想、あるいは祭祀《さいし》や神社の研究などが主であり、それぞれの専門の先生たちが自説を縷々《るる》述べるというものでした。

ときは過ぎ、今度はわたしが学生たちを教える立場となりました。昭和四十八（一九七三）年、三十四歳のとき、一代で松下電器産業（現・パナソニック）を超一流企業に成長させた松下幸之助翁《まつしたこうのすけおう》とわたしは出会い、深い感銘を受けました。松下翁は「経営の神様」と呼ばれた方でしたが、七十八歳のとき、経済界の第一線を退かれ、全国神社総代会会長に就任、その翌年、神道大系編纂《へんさん》会が発足すると、会長として尽力なさいました。そのとき、松下翁は「一般国民に神道のみならず、日本古来の伝統精神と文化を、親しみやすく、より理解されることの必要性を痛感いたします」と述べられました。その松下翁のお言葉は印象的でした。以後、およそ半世紀、わたしは大学の教壇に立ちましたが、定年退職ということで、バトンを次代の教授たちに渡しました。

大学での一切の業務から解放された日、帰宅して書斎に入り、しばらく呆然《ぼうぜん》とした時間が流れ、そのときの自分がわびしく感じられました。はたして今まで自分は何を勉強し、何を教えてきたのか、何のための学問だったのか、そのようなことなどが思い出されました。

わたくしごとになりますが、六十七歳のときにスキルス性の胃がんとなり、主治医から余命三か月との宣告をされ、死を覚悟して手術を受けました。奇跡的に一命を取り留め、何とか定年まで生きることができました。

多くの人びとに助けられ、ここまで働けたのだと思い、すべてに感謝を捧げるため、神《かみ》棚《だな》と祖霊舎《それいしゃ》のあるわが家の小さな祈りの部屋に入りました。そして一時間ばかり瞑想《めいそう》に耽《ふけ》っていたところ、ふと神職をしていた時代が思い出され、最初に掲げた氏子たちからのご質問が脳裏を横切りました。それは、不思議な瞬間でした。

さらに神秘的であったのは、瞑想の途中に、わが家の床の間に掛けてある「玉持大黒《たまもちだいこく》」があらわれ、次のようなお告げをなさったことです。

――常に感謝の気持ちを忘れずに、今後は神様に好かれる生活を送りなさい。神様を畏《おそ》れ、人を恐れてはなりません。清い心を持って、正直に生きなさい。神様は穢《けが》れたものは納受《のうじゅ》いたしません――

この神秘体験はもう少し続きましたが、ここに述べたのが肝心なところでした。

お告げの中でいう「納受」とは「神様が人間の願いなどを聞き入れてくださる」との意味です。わたしは長い眠りから覚めたような気持ちになり、あの「玉持大黒」のお告げは、そのまま五十年前にある氏子から受けたご質問の回答であると思うようになりました。

長い間、悩んでいた雲が晴れて、さわやかな朝を迎えたような気分でありました。

■「神様に好かれる」とはどういうことか

神様からご利益をいただくにはどうすればいいのか？ それは、常に感謝の気持ちを忘れずに、神様に好かれる生活を送ることです。「神様に好かれる」とは、清い心を持って、正直に生きることです。そのような人の願いを、神様は聞き入れてくださいます。

一方、嘘をつき、人をだまし、汚い言動をする人は、神様から嫌われます。だから、とても大切なのは、神様に好かれ、神様に嫌われないようにすることです。

これらは簡単なようですが、実行するのは容易なことではありません。日常の生活の中でも、つい嘘をつくこともあるものです。そのようなときは、神様を畏れる気持ちが必要です。このような神様のお告げを信ずると、お賽銭が多い、少ないというよりも、真心からのお賽銭の大切さがわかります。

たとえお賽銭を多くあげても、それが悪銭《あくせん》であるならば、神様はけっして「納受」してくださらないからです。悪銭とは、盗みや詐欺《さぎ》など不正な手段によって得たお金のことです。そのことをしっかりと心に刻み込んで暮らしたいものです。

【神域】神社のある場所とはどんなところか

■「神詣」は「山登り」と同じ

現在、わたしたちは「神社」という漢字を「じんじゃ」と読んでいますが、この読み方が一般的になったのは実は明治時代になってからのことです。

現存するもっとも古い歌集『万葉集《まんようしゅう》』では「神社」と書いて「もり」と読んでいます。また、単に「社」と表記して「もり」あるいは「やしろ」と読んでいます。「やしろ」の意は「屋代」といわれますが、一筋縄《ひとすじなわ》ではいかぬ言葉です。神を祭《まつ》る場所をあらわす言葉は「やしろ」の他に「宮《みや》」や「祠《ほこら》」があります。「みや」は「御屋」という意味で、伊勢《いせ》神宮《じんぐう》といった別格の神社に用いられた呼び名であり、「ほこら」は「秀倉」という小さな規模の建物の意であるというのが一般的な説明です。

さて、このような言葉の持つ意味から考えられるのは、神社の本質が「もり」であるということです。

「もり」という言葉は、いまでは「森」や「杜」といった漢字であらわされるように、木がたくさん生えている場所を指していますが、もともとは「閉ざされた聖なる空間」ないし「神のための空間」を意味するということです。

人が立ち入ることを禁止した空間（禁足地《きんそくち》）であったので、そこにはおのずと木が生え茂ることになり、鬱蒼《うっそう》とした「森」になったということなのです。

『万葉集』には「森」という字を一例（巻十・一八五〇）だけ見ることができます。しかし、それは「もり」でなく「しげ」ないし「しみ」と読むべきであり、「森」という字を「もり」と訓《よ》み、現在の「鎮守《ちんじゅ》の森（杜）」というような意味として使われるのは、平安時代の『枕草子《まくらのそうし》』あたりからだと思います。『枕草子』には「森」という段が〔一一二〕と〔二〇七〕にあり、参考になります。

なお、神社の起源については諸説があり、実はいまだに定説はありません。

次に神社へお参りするときの心得ですが、わたしは「神社参拝は、参拝しようと思い立ったときからすでにはじまっている」と考えています。つまり、家を出たときから「神社へお参りに行くのだ」という心がまえが必要ではないかと思っているのです。

それは、山登りをするときにたとえればわかりやすいでしょう。山登りをするときに必要なのは、何といっても事前の準備です。

街中の繁華街へ行くような格好で山登りをしたとするなら、山の神様の怒りに触れて遭難することは目に見えています。ですから、山登りをするときは用意周到に準備をすることが大切であり、それは「山へ登ろうとするときから山登りははじまっている」と考えることができるのです。

また、神社へお参りに行くとき、わたしたちは参道《さんどう》を歩いていきます。その参道を歩いていくうちに、わたしたちの心は自然に清められ、中でも鳥居《とりい》をくぐるごとに、緊張感が増していきます。そしていよいよ神様の「み前」に身を置くことにより、緊張感は最高点に達するのです。

そもそも神社とは、気楽に誰も足を踏み入れることのできない神聖な場所です。そこにはすべてを見通しておられる神様が鎮《しず》まっておられます。神様は畏《かしこ》き存在ですが、夜も昼も氏子であるわたしたちを守ってくださっておられます。常に神様はわたしたち氏子が幸福であるように祈っておられるのです。

わたしどもは祈りますが、神様もわたしども以上に祈っていることを知っておくことは大切です。そのことが本当にわかってくると、神様のみ前で清らかな気持ちでお祈りするようになり、おのずから感謝の祈りが出てくるようになります。

【参道】真ん中を歩いてはいけない理由

■神様にご迷惑をかけないための作法

神社へ参拝する者たちの中には、車で社頭《しゃとう》（神社の前や付近）まで乗り付ける人もいますが、本来は一の鳥居（参道への入口にある鳥居）から玉砂利《たまじゃり》を踏みながら一歩一歩とご神前に進んでいくのが昔からのしきたりです。

この「長い参道を歩く」ということに意味があります。

ですから、昔はどんなに偉い人であっても必ず参道を歩きました。鎌倉の鶴岡八幡宮《つるがおかはちまんぐう》の場合、社頭からはるか遠いところ、鎌倉駅を出て若宮大路《わかみやおおじ》を南へ進み、横須賀線のガードをくぐったあたりに「下馬《げば》」という地名が残っています。つまり、貴人《きじん》といえども馬から降りて、歩いて鶴岡八幡宮までお参りに行ったということを示しています（「下馬四ツ角」という交差点の近くに石碑が建っています）。

くりかえしますが、参道は歩いていくのが、古くからのしきたりなのです。

次に注意されるのは、「参道の真ん中を歩いてはいけない」ということです。

「参道」とははじめての鳥居をくぐってから拝殿《はいでん》の前まで続いている道のことです。その中央は「正中《せいちゅう》」と呼ばれ、「神様の通り道」とされております。

したがって、正中は本殿に鎮座《ちんざ》する神様がお通りになるために設けられた道ということになり、そこを人間が踏むことは憚《はばか》らないといけないとされてきました。

つまり、「神様に失礼でないように」という気持ちから、正中を歩くことを禁じているのです。このような理由から、参道を歩くときには真ん中を歩いてはいけないといわれています。

参道の正中を歩いたならば、礼節を欠くことになります。「神は非礼を受けず」といわれますように、これでは当然ながらご利益を受けることも期待できなくなってしまいます。正中を歩かないようにするという気配りは、一度身に付けておけば、難しいことではありません。

伊勢神宮の内宮《ないくう》（皇大神宮《こうたいじんぐう》）への入口ともいわれる五十鈴川《いすずがわ》に架かる宇治橋《うじばし》には、橋（＝参道）の中央を横切ることがないように盛り木《もき》が設けられています。この盛り木を「中伏板《なかぶせいた》」といいます。宇治橋は日常の世界から神聖な世界へ、また、人と神を結ぶ架け橋であり、重要な役割をはたしています。

このように、参道は神に近づく緊張感を高揚させるためにも重要な機能をはたしています。参道が屈折していたり、また階段を設けたりなどして変化しているのも、緊張感を高める上で効果的といえます。

また、参道に敷《し》き詰められている小石は「玉砂利」といいます。「歩きにくいから必要ないのでは？」と思われますが、玉砂利の「玉」は「タマ（魂）」に通じ、「特別に大切で美しい小石」という意味があります。そのような玉砂利を参道に敷き詰めるのは、その場所を清めるとともに、それを踏みながら参拝する人びとの心を清めるために効果的であるということになります。

神様がおられる神域《しんいき》は神聖な場所であり、そこにある一草一木、石ころ一つに至るまで神様のものなのです。

枝を折ったり、石ころを動かしたりすることは慎《つつし》まねばなりません。

【拍手】神様との縁を結ぶ作法

■「拝」と「拍手」は神様に心からしたがっている証

神社を参拝するには、一定の作法があります。神社参拝は、すでに述べたように「神社へ参拝しよう」と思い立ったときからはじまります。たとえばあなたが、年が改まって初詣《はつもうで》に出かけようと思ったとき、すでに初詣ははじまっています。そして、神社やお寺で一連の参拝作法を滞《とどこお》りなくすませて、無事に帰宅するまでが初詣なのです。

多くの人は、新年にはじめて神社やお寺に出かけて、お賽銭をあげて神仏に祈願《きがん》をすることが初詣だと思っているようですが、それは初詣の一部分に過ぎません。

鳥居の語源は、いろいろと言われていますが、わたしは神社の門であると考えています。神社によっては一の鳥居、二の鳥居、三の鳥居というように、いくつもの鳥居があります。鳥居の前では軽くおじぎをします。これも神社参拝の作法の一つで、神職の間では、このように軽くおじぎをすることを「揖《ゆう》」といっています。

望ましいのは一の鳥居から順番にすべてをくぐって拝殿に進むことですが、途中の横道や裏参道からお参りしても失礼にはなりません。重要なのは、鳥居をくぐるときに「ごめんください」という気持ちを込めて軽くおじぎをすることです。

参道を進み、最後の鳥居をくぐり抜けると、手水舎《てみずや》が見えてきます。手水舎の水盤《すいばん》にはきれいな水がたたえられていますが、そこの水で手や口をすすいで心身を清めます。

参道に敷き詰められた玉砂利をシャリシャリと踏みしめながら進んでいくと、おのずと拝殿の前に至ります。拝殿の前には賽銭箱《さいせんばこ》が置いてあります。その真上に大きな鈴が吊るしてあり、鈴からは長い鈴緒《すずお》が垂《た》れています。それを振ってからお賽銭をあげます。中にはお賽銭をあげてから鈴緒を振る人もいます。これはどちらでも間違いではありません。

次に行なう作法が、「二拝二拍手一拝《にはいにはくしゅいっぱい》」です。これを「二礼《れい》二拍手一礼」ともいいます。

二拝二拍手一拝の作法は、まず九十度の深い拝を二回いたし、次に両手を胸の高さで合わせ、右手の中指を左手の中指の第二関節まで引き下げ、肩の幅ほど両手を開き、手を二回打ち、次に両手をきちんと合わせて深く祈ります。

この祈りには祈願だけでなく、感謝の祈りもあり、その内容は各人によって異なっていて構いません。そして両手をおろし、最後にもう一度、深くおじぎをいたします。

なぜ神社の拝殿で二拝二拍手一拝という作法を行なう必要があるのでしょうか。

このような「拝」と「拍手（柏手《かしわで》）」の意味については、さまざまな説明が見られます。両方とも神様に心からしたがっていることを形にあらわしたものとわたしは思います。仏教の場合でいえば「南無《なむ》」にあたり、その意味は心底《しんそこ》からの仏に対する絶対的な「信」から出てくる感謝の祈りの作法だと思うのです。

ところで、この二拝二拍手一拝ですが、これは一般的な参拝作法であり、例外もあります。

実は、出雲大社《いずもたいしゃ》（島根県出雲市）、宇佐神宮《うさじんぐう》（大分県宇佐市）、弥彦《やひこ》神社（新潟県西蒲原《にしかんばら》郡弥彦村）などでは「二拝四拍手一拝」という古式の参拝方法を厳守しています。なお、正確にいうと、「二拝・祈念《きねん》・二拝・四拍手・一拝」です。祈念のとき、拝と同様に深いおじぎをして、自分が今ここに生きている感謝の心を捧げたあと、これから自分が行なうことや心に思っていることの成就を神様に願うのです。拍手の数が多いのは、作法の丁寧《ていねい》なことをあらわすものといえましょう。

要するに、二拝二拍手一拝という作法は、わたしたちが神前で行なう神様との最善のコミュニケーションとなるのです。

■手のひらを「掌」という理由

神様を参拝する作法で重要なのは「拝」と「拍手（柏手）」です。

神様への正しい拝礼の作法には、拝礼と拍手の二つが完全にそろうことが不可欠だということです。

このことを別の言葉で表現すると、「拝」は上下という縦（垂直）の作法であり、拍手は左右という横（水平）の作法となります。これら縦と横の礼法が一つに定まったとき、はじめて神様へのまことの参拝作法が成立したことになります。

「拝」と「拍手」の起源は極めて古く、弥生時代末期、すなわち三世紀頃にさかのぼることができます。中国から倭国《わ》の状況を記した『魏志倭人伝《ぎしわじんでん》』という書に、倭人は人に敬意を表するとき、手を打って跪拝《きはい》をするという作法が記してあります。手を打つとは拍手の意であり、跪拝とはひざまずいて拝をすることです。

さらに『魏志倭人伝』には、「そのとき、身分の低い人は、ためらいながら草むらに入り、うずくまり、ひざまずき、両手を地につけて平伏《へいふく》をする」と、身分の低い人が身分の高い人と道で逢ったときの礼法についても記してあります。

これらの「拝」と「拍手」は身分の高い人に対する敬意の表し方ですが、これらが今日の神様を参拝するときの作法の基礎になっているものと考えられます。それでは、拍手を打つことにはどのような意味があるのでしょうか。

拍手は水平の作法ですので、これを「緯礼《いれい》」ともいいます。これに対し、拝は垂直の作法ですので、これを「経礼《けいれい》」ともいいます。拍手の作法で重要なのは両手を打ち合わせることです。このとき「パン、パン」とよい音が出ます。その音が大切なのです。

音が出るというのは、手に武器などを持っていない証拠になるからです。もし、手の中に何かを隠し持っていたならば、「パン、パン」というよい音が出るはずがありません。

この手のひらを「掌《たなごころ》」ともいいます。その意味は「手の心」ということです。手の心はどこにあるかといえば、手の甲ではなく、手のひらにありますので、そこを掌と呼んでいるのです。だから、わたしたちは手の心である手のひらを打ち合わせることにより、敵対心がないことをあらわしているのです。

世界のどの宗教も、祈りの作法として両手を合わせています。これは祈りの対象である神仏に対し、まったく疑うことなく、身も心も捧げてしたがいますとの気持ちのあらわれです。神社の場合で説明しますと、そこにお祭りしている神に服従して、供《そな》え物《もの》をたてまつることです。これを古くは「まつらひ」といいました。これは「服従する」という行為を継続して行なうことで、現在の「まつり」にあたります。したがって、拍手を打つことは、神様に服従して供え物をたてまつることを意味しています。

ちなみに、仏教でも祈りの作法として両手を合わせますが、これを「合掌《がっしょう》」と呼んでいます。ただし、合掌は拍手のように両手を打つことをしないで、両手のひらをピッタリと合わせます。この形は素直で偽りのない心の表現と説明しています。また、合掌した右手は仏様をあらわし、左手は祈っている自分自身をあらわすともいいます。だから右手と左手を合わせる合掌は、仏様と自分自身とが一つになることを意味しています。キリスト教でも両手を組み合わせて祈っています。

要するに、祈りの姿は、神道も仏教もキリスト教も、同じように両手を合わせるところに共通点があり、その心は同じだということがわかります。

日常生活の中でも、たとえば仲のよいご夫婦が手をつないで歩いているのを見かけますが、これも拍手の心と同じであり、その夫婦の間には偽りがなく、お互いに真心でかたく結ばれていることをあらわしています。このような事例は夫婦の関係ばかりでなく、見知らぬ者同士の握手にも見出すことができます。

■拍手の音は「平和の響き」である

拍手は神様を参拝するときの極めて重要な作法の一つであり、これを「かしわで」と呼び、日常生活においてはこれを「はくしゅ」といいます。「はくしゅ」の場合、その回数は「かしわで」のように二回や四回とかではなく、何度も打ち合わせます。

「はくしゅ」は、何かに感動し、あるいは素晴らしいと思ったときや、ある人の意見や見解などに賛意をあらわす場合などにもします。そのような「はくしゅ」は故意でなく、ごく自然に起こってくるものです。

たとえば、大相撲で平幕《ひらまく》の力士が横綱《よこづな》に勝利して金星《きんぼし》となった場合、観客は大声をあげて拍手喝采《かっさい》します。また、結婚披露宴で新郎新婦が入場する際、司会者が「皆様、あたたかい拍手でお迎えください」といいますが、参列者はいわれなくとも心からの拍手を送ります。素晴らしい音楽や観劇の後なども、誰からともなく拍手が起こります。

このように「かしわで」であれ「はくしゅ」であれ、その意味するところは同じで、その根底には「まことの心」が見られます。換言《かんげん》すれば、拍手（かしわで、はくしゅ）は「まこと」という目に見えない「心」を形にしたものといえます。

この「まこと」という言葉は、「ま」と「こと」から成っており、このうち「こと」には大きく「言葉」と「事柄」の意味があります。

「それらにまったく嘘がない」ということは、「ま」が示しています。この「ま」は「真実」という意味であり、「二つ心」をあらわしています。そのことを日本人はすでに古代において認識していたものと思います。

拍手を打つことにより、二つ心がなくなります。つまり、信ずる神に対して疑う心がなくなるのです。「左手」と「右手」が「左右手《まで》」となる、一つになること、これが拍手の真義《しんぎ》です。両手を打ち合わせて鳴る「パン、パン」という音は「まこと」の響きでありま す。

もし、手のひらの中に武器など、やましいものを持っていれば、そのような音は響きません。ですから、拍手の音は平和の響きだともいえます。

『鳥居としめ縄』神様が鎮まっておられる場所を示す目印

■なぜ稲荷神社の鳥居は朱色なのか

神社は神様のために設けられた神聖な空間です。

神社を意味する言葉である「社」は「屋代」との説を先に紹介しました。しかし、古い言葉であればあるほど、意味は一つでなく、あたかも八意思兼《やごころおもいかね》の神に見るように、多くの思慮から成っております。したがって、「やしろ」にもさまざまな意味があります。

もう一つの有力な説は、「やしろ」の「や」は「弥《や》」であり、その「弥」は「いよ（愈）」の「よ」が「や」になったもの、そして「や」は「や（八）」と同根《どうこん》であり、したがって「やしろ」の「や」は「ますます」「いよいよ」という意味を含んだ神聖な言葉であると考えることができます。そして、「しろ」は「城」であることから、つまり「やしろ」とは「神様が占有する神聖な一定の区域」の意味になるわけです。

また、神様が鎮《しず》まっているとされる聖地、さらに広く神社の境内《けいだい》を「神域」と呼んでおります。

そこが神社であることを明確に示す目印が、鳥居としめ縄です。

鳥居は、神社へと続く参道の入口に立てられています。つまり、鳥居は前述したように「神社の門」の役割をはたしておりますが、大きな規模の神社の場合は参道の途中に複数の鳥居が立っており、本殿《ほんでん》に遠いところから一の鳥居、二の鳥居、三の鳥居と呼ばれます。

鳥居は神社だけではなく、たまには寺院でも目にすることができます。四天王寺《してんのうじ》（大阪市天王寺区）、寶山寺《ほうざんじ》（生駒聖天《いこましょうてん》・奈良県生駒市）などです。これも鳥居が神聖な領域と世俗の領域をわける「結界《けっかい》」であることを担っていると考えられます。

四天王寺にある鳥居は寺の西側にありますが、その門が「極楽浄土《ごくらくじょうど》の東の門」でもあることから、「境内から外は極楽浄土である」という意味を持っているとされています。寶山寺の鳥居は、このお寺が仏教成立以前の神様である天部《てんぶ》の神様を祭っていることによるものといいます。

鳥居といえば、稲荷《いなり》神社の赤い鳥居が有名ですが、なぜ鳥居が朱色《しゅいろ》に塗られているのかわかりますか？

これは中国から伝わってきた風習で、朱という色には疫病《えきびょう》除けや厄《やく》除けのご利益があるとされています。このことから、鳥居のみならず本殿などの建物も朱色に塗られることが広まったとされます。

朱には「辰砂《しんしゃ》（丹《に》）」という顔料が使われています。辰砂は木材が腐るのを防ぐ効果があるという実利的な面もありますが、古来より魔除《まよ》けや呪術の道具としても用いられていました。

一方、しめ縄にはどのような役割があるのでしょうか。

しめ縄は「標縄」「〆縄」「注連縄」「締縄」「七五三縄」などとさまざまに書き記します。新藁《しんわら》（その年に刈り取った稲の藁）で端を少しずつ残しながら、左寄りに綯《な》っていきます。しめ縄のことは『日本書紀《にほんしょき》』神代上《かみよのかみのまき》の本文に「端出《しりくめ》之《の》縄《なは》」とあり、「左縄《ひだりなは》の端出《はしいだ》すといふ」と注記してあります。ここにいう「左縄」とは、左寄りに編んだ縄のことであり、また「端出」とは、縄の端を切らないで編んだという意味です。そのような編み方は、現在のしめ縄にも残っております。また、このような縄を「しりくめなわ」というとの注記も見られます。

そして、しめ縄には「紙垂《しで》」という紙片を垂らしてあります。そのようなしめ縄は神社のご神木《しんぼく》、聖なる岩、樹木、滝などにも張られているのを見ることができます。

しめ縄にはもともと「占め縄」という意味があります。そこは「神様が占めている」ことを示す場所にこの縄が張られているということです。そこは神聖な場所であり、人間が軽々しく足を踏み入れてはならないところなのです。

また、新年になると、門松《かどまつ》と一緒に家の戸口にしめ縄を張る風習がある地域もあります。これは、しめ縄を張ることによって邪悪な者や悪霊《あくりょう》が家の中へ入り込むのを避けているわけです。一説には、穢《けが》れを避け、家内安全《かないあんぜん》や無病息災《むびょうそくさい》を願うためにしめ縄を張る風習が根付いたともいわれています。このことから考えると、しめ縄はとても縁起《えんぎ》のよいものともいえます。

神社でしめ縄を見かけたら、そこから先は神様が鎮まっておられる神聖な場所という意味ですから、慎《つつし》んで、失礼のないようにふるまいたいものです。

『氏神様と氏子』祖先神に一生護ってもらうためのしくみ

■「郷里に帰りたい」と思う気持ちを大切に

故郷から遠く離れている人の心中《しんちゅう》には、常に「故郷を懐《なつ》かしく思い、故郷に帰りたい」という気持ちがあります。それを「郷愁《きょうしゅう》」とか「ノスタルジア」と呼んでいます。郷愁にふける要因はさまざまでしょうが、その一つとして故郷の神社とお祭りがあります。

郷里の神社に祭られている神様を一般に「氏神様《うじがみさま》」と呼んでいます。換言すると、氏神様はわたしたちが生まれた土地に祭られている神様のことで、その地域や人びとの生活を守護《しゅご》してくれています。つまり、その土地で住民からもっとも親しまれているのが氏神様であるといえます。

「氏神」とは、氏姓を同じくする氏族の間で縁の深い神様や祖先神《そせんしん》のことを指していました。そして、そのような血縁による集団を「氏子《うじこ》」と呼んでいました。

一方、現在のような土地に関係の深い神様は「産土神《うぶすながみ》」といい、その土地の住民を「産《うぶ》子《こ》」と呼んでいました。ところが、いつしか「氏神と氏子」と「産土神と産子」という呼び方が混同されるようになり、土地を守護する神様を一般的に氏神様とも称するようになりました。

そのようなことで、現在の意味でいうところの氏神様は、わたしたちの住まいと縁の深い神様ですから、もしもその土地を離れたならば、当然ながらその氏神様の守護を失うことになります。その場合は、新しく移り住んだ土地の氏神様の氏子となるわけです。

とはいえ、生まれた土地や長く住んだ場所の氏神様をその後も崇《あが》め続けることはもちろんできます。このような場合、わたしたちはその神様の氏子ではなく、「崇敬者《すうけいしゃ》」と呼ばれることになります。神道においては、仏教と異なり、氏神様と新しい土地の神様の両方を拝んでもよいことになっています。

さて、ここでまた話を「郷里の神社」へと戻しましょう。あなたが今、たとえば郷里の神社から遠くの場所に暮らしているとしても、郷里の神社のお祭りには戻るという人も少なくないでしょう。中には成人式や結婚式、厄払いなどを郷里の神社で行なう人もいるかもしれません。

このことは、当該の人びとに安定した心を持たせることに役立っているに違いありません。人の一生をずっと守護してくれる存在が氏神様であるといえるでしょう。

■「肌守り」と水天宮の「飲み込むお札」

あなたが生を享《う》けた場所。

いうまでもなく、あなたがその地を選んで生まれたわけではありません。宿命《しゅくめい》といえば宿命ですし、お父さんとお母さんがたまたまそこに住んでいて、生まれることになったのかもしれません。それはともかく、生まれた土地には必ずその土地を守っておられる「氏神神社」が鎮座しています。そこに祭られる神様を「氏神様」「鎮守様」あるいは「産土様」などと親しみを込めて呼んでいます。

ところで、あなたが生まれる前から、お母さんは氏神様に安産祈願に行っておられたかもしれません。また、氏神様のもとへ「初宮参《はつみやまい》り」に出かけているならば、あなたはその地元の神社の氏子になっています。だから、「初宮参り」のことを「氏子入り」ともいいます。これは社会的に、あなたがその地域の氏子の一員になったことを意味しております。そして氏子になったということは、氏神様はあなたにとっての「親」であるといえます。つまり、ご自身のご両親との「血縁的な親子関係」と、ご自身と氏神様との「地縁的な親子関係」の、二つの親子関係を生きることになるわけです。

もしも引っ越しや転勤により遠く北海道や九州へ転居したとしても、氏子という立場が変わることはありません。あなたが氏神様と結んだ「誓約《せいやく》」は、一生変わることはないのです。どこへ行っても氏神様がお守りするということは、一生続くのです。しかも、その守りは祝詞《のりと》に「夜《よ》の守り、日《ひ》の守りに、守りたまへ、恵みたまひ」とあるように、夜といわず昼といわず、四六時中お守りくださっておられます。

このことは、「あなたの幸せはあなたの望みでもあると同時に、氏神様の望みでもある」ということを意味します。親は子どもが望んでいなくとも、常に子どものことを心に掛けています。祝詞では、氏神様へわたしたち人間の側からお願いしているようになっていますが、お願いしていなくても、氏神様はいつも守っておられるのです。

ちなみに、祝詞に「夜の守り、日の守り」と、「夜」が先にきているのは、神様の時間は実は夜からはじまるからです。黄昏時《たそがれどき》が、神様が一日をはじめられる時間なのです。いまでいう夕方の四時か五時頃、夕日が沈むことで遠くに佇《たたず》む人が誰だかわからなくなったとき（黄昏の語源は「誰《た》そ彼《かれ》」）が、神様の始動する時間です。

血縁で結ばれた親は、夜も寝ないで守ることはできません。したがって、常にわたしたちをお守りしているのは神様ということになります。そして、その象徴が「肌守《はだまも》り」です。

肌守りは一般的にいうところの「お守り」です。ずっと肌身離さず持つことにより、わたしたちを守って下さっているのです。

ただ、肌守りの場合は、お風呂に入るとき、シャワーを浴びるときなどははずさなければなりません。だから、できればお守りを体内に入れればよいのです。

そのような一つの方法が、正月にお餅《もち》を食べるという風習です。

お餅は年神様《としがみさま》のシンボルといわれております。その年神様のシンボルであるお餅を食べて体内に入れることにより、その一年中、年神様にお守りいただくというのです。また、水天宮《すいてんぐう》には水に溶かして飲み込むお守りがあります。これなども、お守りの霊験《れいげん》を絶大に感じることのできる方法といえます。そうすれば、神様は昼も夜も、一日中欠けることなく、さらには一年中、お守りしてくださることになるのです。あなたが神様へ祈願をしなくとも、神様は夜といわず昼といわず、あなたの幸せを祈っているのです。そのことがほんとうにわかったとき、感謝の祈りとなり、「ありがとうございます」という言葉がおのずと出てまいります。

【参拝】なぜ神社にお参りするとご利益があるのか

■ご利益を得るにはどうすればいいか

ただ神社にお参りしても、必ずしもご利益があるわけではありません。

換言すれば、神社へ参拝してお賽銭をたくさんあげたからといって、大きなご利益がもたらされるわけではないのです。

こういう言葉があります。

「神も自ら尊《とうと》からず、人の敬《うやま》いを以て貴《とうとし》とす」

「神様はもとより尊いのでなく、人の崇敬《すうけい》により尊いのである」というのです。もし、人が神様を崇敬しなければ、神様は零落《れいらく》してしまいます。日本の多くの妖怪《ようかい》は神様の零落した姿なのです。人びとが崇拝しないで、ほうっておいた成《な》れの果《は》てなのです。

言い方を変えるならば、わたしたちが神様を篤《あつ》く崇敬すればするほど、神様は大きな愛を与えてくださいます。『倭姫命世記《やまとひめのみことせいき》』中に「神は垂《た》るるに祈禱《きとう》をもって先となす。冥《めい》は加うるに正直をもって本となす」と書いてあります。

神様が霊験をあらわすのは、人間の祈禱がとても大切だということです。また、神様から目に見えないご加護《かご》をいただくには、わたしたち人間が正直な生き方をするのが根本だとも記してあります。

これが「敬愛《けいあい》」の精神なのです。ですから、神様からご利益をいただくには、まずは「神様はもとより尊いものではない」と理解し、そこで深い尊崇《そんすう》の念を持って神様を敬う気持ちが重要になるのです。人間が敬うことがなければ、神様は愛を垂れません。

また、お賽銭をたくさんあげても、それが悪銭であれば神様は納受されません。神社にお参りして大切なことは、心の底から神様を尊崇することです。

神様の「愛」は泉のごとく涌《わ》き出るのであり、尽きることがありません。したがって、正しいあなたの心を神様のもとへ届けることができるように行動すべきです。

つまり、わたしたちの真心《まごころ》を神様のもとへ届けることによって、はじめてご利益が得られるのです。

■神様がいちばん嫌う人

神様がいちばん嫌う人は「汚《きたな》い人」です。

神社へ参拝すると、参道には玉砂利が敷いてあります。玉砂利の玉は「タマ（魂）」に通じるものであり、とくに大切な小石とされています。

玉砂利を参道に敷くのは、その場所を清め、それを踏みながら参拝する人の心を清めるためのものです。

そして、参道の側に設けられた手水舎で参拝者は手や口をすすぎ、さらに心身を清めます。手水舎で水が張られている水盤に「洗心《せんしん》」と陰刻《いんこく》されているのを見ることがあります。このように手水舎は手だけではなく、心もきれいに洗う場所なのです。心身ともに水で清めるために手水舎は設けられているのです。

手や口をすすぐことで、身体をきれいにします。それとともに気持ちを落ち着かせて、心を穏やかにすることが求められています。

さらに、正式参拝を望むのであれば、社務所《しゃむしょ》に申し出て、神職の指示にしたがって拝殿へ昇り、そこで修祓《しゅばつ》（お祓《はら》い）を受けます。

祝詞を奏上してもらい、玉串《たまぐし》を奉奠《ほうてん》（つつしんで神前《しんぜん》にたてまつること）し、最後に直会《なおらい》といって、お神酒《みき》をいただきます。

このようにすることにより、心身はすっかり清められた状態になり、神様はお賽銭を納受されます。

神社へお参りするときには、真心を持って神様を敬い、そのことを神様が受け入れてくれることによってはじめてご利益があるのです。神社とご利益の関係性は、おおよそここに述べたことになります。

このことは、一読すると当然のことのように思えますが、神社へお参りするときに清い心でのぞむことを常に心がけている方がどれだけいるでしょうか。軽い気持ちで神様の「み前」に立ち、祈りを捧げてもご利益は期待できません。

神様に好かれる人間になるために、今まで伝統的に受け継がれてきた参拝作法やしきたりに則《のっと》って神様を敬い、自分の真心を届けることによって、ご利益がもたらされることになるのです。

神社と祭神 日本人にとって不可欠な存在

■神様に関する諺

神社は全国の津々浦々《つつうらうら》に鎮座《ちんざ》しており、その地方の長い歴史と伝統を創造してきました。神社はその地域に住む人びとの心の支えであり、貴重な精神的遺産です。したがって、日本が精神面において世界の師表《しひょう》（模範）と仰《あお》がれるためには、この貴重な精神的遺産である神社や神祭りをあらためて見直し、まずはわたしたち日本人が精神的基盤を取り戻す必要があると思います。

このような神社に祭られている神様を「祭神《さいじん》」といいます。それらの神様に関する諺《ことわざ》が伝えられてきました。おもなものを掲げてみましょう。

「正直の頭に神宿《かみやど》る」（正直に生きている人には、いつかは必ず神のご加護がある）

「神は非礼《ひれい》を受けず」（神は礼儀に反したものは受け取られない。また、不正な心で神を祭っても、そのような人の願いは受け取られない）

「神は見通《みとお》し」（神はどんな小さなことでも、よく見抜いているので、偽《いつわ》ることはできない）

「苦しいときの神頼《かみだの》み」（普段は神などを拝《おが》まない者が、苦しい目に遭ったりすると、神に助けを求めるという、身勝手な人のこと）

最後の諺などは、誰もが一度は経験したことがあるのではないでしょうか。

さて、神社は常に「日本人の精神的な支柱」として欠くことのできない存在です。日本および日本人にとって、神社は必要不可欠な存在といえます。

そのことを証明するかのように、日本列島のいたるところに神社は祭られています。長崎県の野崎島《のざきじま》にある沖ノ神島《おきのこうじま》神社のように、ほぼ無人状態の島であっても神社は存在します。また、伊豆《いず》諸島の北部にある新島《にいじま》の西方に位置する地内島《じないじま》も、人は住んでいませんが、神様は祭られています。どんな小さい村でも、お寺はなくとも神社なら必ずあります。

参詣《さんけい》する人がほとんどいない神社がある一方で、工場や商店街といった賑《にぎ》やかな場所に鎮座する神社もあります。また、神様は銀行の金庫の中といった特殊な場所にも祭られています。

このように、日本にはあらゆる場所に神社が鎮座し、神祭りが行なわれています。それは「やはり神社が必要だからそこにある」としかいいようがありません。

とくに地域社会においては、そこに古くから祭られてきた神社（氏神様）を中心にして日常生活が営まれてきたという場合が多くあります。そのため、神社は単なる宗教的な施設にとどまらず、その地域社会の政治、経済、文化、思想などとも深い関係性を築いてきました。中でも、地域社会の年中行事は神社を中心にして展開しています。

このように考えてみると、神社はその地域社会で生活している人びとの基盤に置かれていることがわかります。つまり、神社は地域で生きてきた人びとの歴史を豊かに包み持っているのです。それは、神社が地域社会の歴史に力強さを与え続けてきたと言い換えることもできます。

■「日本の神社」と「ローマのパンテオン」の違い

イタリアのローマにあるグレゴリアナ大学で「日本の神道」と題する特別講義を行なうため、しばらく彼《か》の地に滞在したことがあります。そのとき、古代ローマの諸神《しょしん》を祭ったというパンテオンのすぐ側に住んでいたので、その円形の美しい神殿を見ない日はありませんでした。

パンテオンとはもともとギリシャ語で「すべての神々」を意味する言葉です。それが「すべての神々を祭る神殿」の意味に転じ、現在は一般に「万神殿《ばんしんでん》」と訳されています。そのようなパンテオンの前に佇《たたず》み、日本の神社との比較を試みたことも多々ありました。

パンテオンが「すべての神々を祭る神殿」であるならば、日本の神社も「八百万《やおよろず》の神々を祭る神殿」です。ともに多神教の神殿としての共通点も見られます。

ところが、パンテオンと神社を比較してみますと、根本的なところで異なる点があります。その相違点は何かというと、パンテオンが本来の姿を失い、いわば「形骸化《けいがいか》した生命や精神のない神殿」になっている一方で、日本の神社は創祀《そうし》以来、その本質を保ちながら脈々《みゃくみゃく》と続けられてきたのであり、「人びとが絶えずまことの祈りを捧げてきた神殿」であるということです。

いまのパンテオンにはローマの神々がまったく祭られておらず、神々を礼拝《れいはい》する人びとも見られません。これに対し、日本の伊勢神宮は内宮と外宮《げくう》ともに、式年遷宮制《しきねんせんぐうせい》によって茅葺《かやぶ》きの新しい神殿が今に伝えられ、崇拝されています。これは今後も受け継がれていく伝統ですが、ここで大切なのは外形でなく中身です。さきほども述べたように、日本の神社は人びとが永世《えいせい》にまことの祈りを捧げられるところなのです。

第二章

「開運招福」のしきたり

―なぜおみくじを二度引いてはいけないのか

『運と運命』運を引き寄せるたった一つの方法

■「運命」の意味がよくわかる昔話「産神問答」

「運」と「運命」とは言葉が違うように、元来は意味も異なっていたと思いますが、国語辞書には同意語と説明するものが多いようです。たとえば「運」の項目を見ますと、「人の身の上にめぐりくる幸・不幸を支配する、人間の意志を超越したはたらき。天命。運命」と説明し、「運が悪い」「運が向いてくる」「運がない」などの用例を掲げてあります（デジタル大辞林より）。

また、「運命」の項目には、「人間の意志を超越して人に幸、不幸を与える力。また、その力によってめぐってくる幸、不幸のめぐりあわせ。運」と説明し、「運命のなせる業《わざ》」「運命をたどる」などの用例を掲げてあります（同）。

このように、辞書によれば、運と運命とはほぼ同意としています。しかし、両者は根本的なところで相違しているとわたしは思います。

最初に「運命」ですが、「産神問答《うぶがみもんどう》」という昔話を取り上げてみることにします。今ではまったく語られなくなりましたが、わたしの子どもの頃には各地で聞くことができました。福島県伊達《だて》郡川俣《かわまた》町では今でも語られているのでしょうか、ホームページに次のような「産神問答」を掲げています。


むかし、ある六部《ろくぶ》（※）が村のお堂《どう》さ泊まったんだと。

ほしたら、夜中にゴヤゴヤ、ゴヤゴヤって声がして、

「その子の寿命は。」

「十三の初かみそりよ。」

って言って、ちらげっちまったど。

あくる朝、六部が村の中さまわって行っだら、
あるぜえでおどっこが生まっち大喜びしてたど。

六部はとんぼぐちで拝んでから、お堂で聞いだごとを書いで、

「このややこがな、十三年目の今日、またくっから神棚《かみだな》さ上げで拝んでろ。」

って立ち去ったど。

ほして、十三年たったその日にきたら、
なんのじょ、わらしがかみそりを使ってるうぢに、
ちょーまがきでうっさしいもんだから、
おんなぐっぺと思ったらかみそりで自分の首切っちまったど。
ほんに人の命ってもんは、生まっちゃどきにちゃんときまっちゃってんだな。

※六部＝六十六部の略、六十六部の法華経《ほけきょう》を納めてまわる行脚僧《あんぎゃそう》、江戸時代は鉦《かね》や鈴をならして米、銭を請いまわった。

飯坂　佐藤勝実

（昔話「産神問答」／福島県伊達郡川俣町ホームページより）

この昔話を語ったのは、飯坂にお住まいの佐藤勝実さんです。福島方言で語られており、わかりづらいところはありますが、「運命とは何か」ということを知る上で重要なお話だと思います。

この昔話によれば、人間の一生の運命は生まれたときにすでに定められているということになります。そのように一般民衆は考えていたのです。そして、運命を定めるのが産神様であること、また、産神たちがゴヤゴヤと声を出して運命を定める問答を聞くことができる宗教者がいることも興味深いです。ここでは六部がそれにあたります。

六部は生まれてきた男の子の運命（ここでは寿命）を知っているのです。それは「十三歳になったとき、カミソリの刃で切られて死ぬ運命にある」というものです。六部は、そのことを両親に知らせます。両親は十分に注意しておりましたが、産神の定めた運命はどうすることもできません。男の子は十三歳のとき、カミソリの刃で首を切って死んでしまいます。

わたしの聞いた「産神問答」は、生まれた子は七歳のときに水難で死ぬというものです。そのような産神の問答を民間で活躍している宗教者が知り、両親に教えます。両親は子どもを絶対に水には近づけないで育てますが、七歳の夏、暖簾《のれん》に首を巻かれて死んでしまいます。その暖簾には波に千鳥《ちどり》の絵があったというのです。

なお余談ですが、生まれた子の運命を定める産神は三神おります。だから、産神を音読してサンジン（三神・山神）ともいいます。ただし山神は「やまのかみ」ともいい、女性神であることが多いことから、自分の妻を「やまのかみ」といいます。なお、運命を支配する神様が三女神であるのは世界の諸国でも同じです。

「運命」は絶対にまぬかれることができないものです。もしも努力して運命をまぬかれることができるならば、それは運命でなく、運であります。

「運」は、人それぞれの努力や精進《しょうじん》を続けることにより、開くことができるのです。

運が開かれますと、幸せに向かうことができます。これを「開運」とか「開運招福」といっており、そのような好機をつかむことが大切となります。

■運を引き寄せる方法

それでは、運を開き、幸せに向かうにはどうしたらよいでしょうか。つまり、「運を引き寄せるための方法はあるのか？」ということです。

さまざまな説があるようですが、神を畏《おそ》れて「清く正しく美しく生きること」に尽きるでしょう。嘘をつかないで正直に日々を送るならば、運の神様は必ず運を与えて下さいます。

大切なのは、そのことをかたく信じることです。

しかしながら、正直に生きていても、不運が続くこともあります。また、「正直者が馬鹿を見る」ということも聞きます。しかし、そのようなときこそ、さらなる精進を重ねることです。

運の神様は、常に正直者の味方です。今は不運であっても、冬の次には必ず春がくるのが自然の摂理です。だから、諦めることなく、コツコツと前向きに歩むしか方法はなく、近道もありません。

参考までにわたしの生活信条を披瀝《ひれき》しますと、わたしは常に「さ行」で生きることを心がけてきました。「さわやか」「さっぱり」「しずかに」「すかっと」「すがすがしく」「すっきり」「すなおに」「すみわたる」など、いちいち数え切れませんが、そのような心持ちで暮らすならば、必ず運が開け、幸福へと向かうことができるのです。そこで重要なのは、神様にあまり求めないことです。「さ行」で生きるならば、求めなくとも、神様の方から幸福を与えてくださるのです。

【お賽銭】投げ入れてこそ厄が祓える

■神鈴を振るということ

一般的な神社では拝殿《はいでん》の前に賽銭箱《さいせんばこ》を置いてあり、その真上に大きな鈴を吊るしてあります。その鈴のことを神鈴《みすず》（シンレイ）と呼んでいます。その神鈴からは長い緒《お》が垂《た》れています。その緒のことを叶緒《かねのお》とか鈴緒《すずお》といいます。

参拝者は願いが叶うようにと叶緒を引いて神鈴を鳴らし、お賽銭を投げ入れて祈願《きがん》をしています。

神前で神鈴を振る意味は、神様を呼ぶため、清めの意味があるなどと説明されますが、確かなことはわかりません。『古語拾遺《こごしゅうい》』に天鈿女命《あめのうずめのみこと》が石窟《いわや》の前で、鐸《さなぎ》をつけた矛《ほこ》を手に持って歌ったり踊ったりしたと記してあり、これは神前で神鈴を振る古例であるともいわれていますが、ここには鈴でなく鐸と記しています。

また、神前で鐸を振ることには魂《たましい》を鎮《しず》める（鎮魂《ちんこん》）との意味がありますから、神鈴の場合も鎮魂のためとも考えられます。

では、なぜ鈴を鳴らすのでしょうか。前記した二説のうち、わたしは祓《はら》い清める方に賛意を表したいのです。

というのは、正式参拝のとき、神主《かんぬし》さんが大麻《おおぬさ》（麻や木綿などで作った神への供え物）や塩湯《えんとう》（塩を湯や水に溶かして器に入れ、お清めに用いる）などで清めた後、さらに巫女《みこ》が鈴を振って参拝者を祓い清めることが行なわれることがあるからです。

また、巫女や神楽男《かぐらお》が神楽を舞うときに振る鈴は「神楽鈴」といいますが、それをシャンシャンと鳴らすことにより、わたしたちは清められているのです。

神社の例祭《れいさい》に神楽殿で神楽が奉納《ほうのう》されることがあります。

そのときに用いられる神楽鈴も神鈴と同様の意味を持ち、それを振り鳴らすことによってもたらされる霊力により、その場を清浄にしているのです。

神鈴を鳴らす順序は人によって異なっています。お賽銭を投げ入れてから神鈴を鳴らす人もいますし、祈願した後に神鈴を鳴らし、お賽銭を投げ入れる人もいます。そして、お参りにきたことを神様に知らせるためでしょうか、必要以上に大きな音を出している人もいます。そのことを非礼《ひれい》とはいいませんが、ただ神鈴は神聖なものですので、乱暴な扱いは慎《つつし》むべきです。

■お賽銭は投げ入れる

次にお賽銭ですが、神社側では「お賽銭は神様へ感謝を込めて捧げる金銭ですので、静かに賽銭箱へ入れて下さい」と指導しています。しかし、依然としてお賽銭を投げ入れている人が多くいます。これには理由があります。

まずお賽銭を投げ入れる行為に視点を置くと、それは一種の「祓え」であるように思われます。つまり、自分の犯した、また犯すであろう罪穢《つみけが》れ、あるいは厄《やく》などをお賽銭に託して、祓ってほしいという願いがあるように思います。

だから、お賽銭を賽銭箱にそっと入れるのではなく、今も「投げ入れる」人が多いのだと思います。

その根底には、罪や穢れ、あるいは厄を祓うという、いわば「厄祓い」の思想が流れているのではないでしょうか。つまり、「厄を投げ捨てる」という意味です。

また、お賽銭を「おひねり」と呼ぶ地方もあります。これはお金を紙に包んでひねったもので、それを賽銭箱に投げ入れます。この「ひねる」という行為には自分の霊魂《れいこん》を封じ込めるという意味があります。

わたしたちの霊魂はとても軽いものです。だから、クシャミをすると、クシャミとともに肉体から飛び出して、空中をふわふわとさまようことがあります。このように肉体から離れた霊魂を遊離魂《ゆうりこん》といいますが、そのままにしておくと、もぬけの殻《から》になってしまいます。そこで霊魂が遊離しないように留めておく方法として「おひねり」が考え出されたのでしょう。

古来より、日本各地で収穫した新米を神前にお供えしてきました。その供え方の古いしきたりの一つにも「おひねり」があります。これは米を白紙に包んで、ひねって供えるというやり方です。

また、神前にお供えするものといえば、海、川、山、野でとれた味物《ためつもの》、すなわち美味《おい》しい食べ物でしたが、貨幣経済が発展していくに伴い、お金を奉納するようになります。そのようなことから、賽銭箱も現在のような形になったともいわれています。

ただし、今でも神様に奉納するお金のことを「初穂料《はつほりょう》」と称しております。これは洗米を紙にくるんで「おひねり」として神様に供えていたときの名残であると思います。

『おみくじ』なぜ二度引いてはいけないのか

■おみくじは「神様からのメッセージ」

神社を参拝した後で、「おみくじ」を引くのが順序です。おみくじは漢字で「御神籤」と書きます。「おみくじ」を引いて大吉、吉、凶などといった結果が出ますが、これは「神のみ心《こころ》のあらわれ」とされています。

「おみくじ」については、この「神のみ心のあらわれ」という点が重要で、いわば「神様からのメッセージ」という意味があります。

したがって、おみくじを引いて凶が出たからといって、吉や大吉が出るまで二度三度と引き直すのはご法度《はっと》です。はじめて引いた「おみくじ」の結果が悪かったといっても、すべては神様のみ心ですから、ありがたく受けるべきです。

神様を信じているならば、「おみくじ」を二度も引くことはありません。神様を信じていないから、「おみくじ」を何度も引きたくなるのではないでしょうか。

一説によると、現在のような「おみくじ」のルーツは、中国の「天竺霊籤《てんじくれいせん》」にあるということです。これが日本に伝わり、天台《てんだい》宗の僧元三大師《がんざんだいし》（慈恵《じえ》大師良源《りょうげん》）が観音様《かんのんさま》より授《さず》かった言葉（偈文《げもん》）をもとにして「観音みくじ」を作り、それが広まったといわれております。東京浅草《あさくさ》の浅草寺《せんそうじ》にある「観音みくじ」は漢詩であり、この形こそ元三大師が考案した「おみくじ」に近いといわれています。

一般的にいえば、「おみくじ」に和歌が掲載されるようになったのは明治以降のことです。神道《しんとう》と仏教を明確にわけた「神仏分離令《しんぶつぶんりれい》」（明治元年）によって、仏教色の強い元三大師系の「観音みくじ」が神社で使われなくなり、それに代わって祭神《さいじん》にゆかりの深い歴史上の人物、たとえば天神様《てんじんさま》である菅原道真《すがわらのみちざね》公や明治天皇などの和歌が「おみくじ」に用いられるようになりました。

ところで、「おみくじ」を引く際に気になるのが、「末吉と小吉ではどちらが上か？」といったような吉凶の順番です。神社本庁《じんじゃほんちょう》の説明に、順番は「大吉・吉・中吉・小吉・末吉・凶」とありますから、答えは「末吉よりも小吉の方が上」ということになります。

神社によっては、松《まつ》尾《お》稲荷《いなり》神社（神戸市兵庫区）のように大吉のさらに上の「大大吉」が出るところもあります。また、同社には「向吉《むこうきち》」という「おみくじ」もあります。向吉とは、現状がよくても悪くても、今後はよい方向へ進むという指針を与えてくれる「おみくじ」であり、大大吉同様、縁起《えんぎ》のよいものとなっています。

なお、「おみくじ」は吉凶が目に見える形であらわれてしまうため、その結果に一喜一憂《いっきいちゆう》しがちですが、大吉が出たからといって喜んでばかりはいられません。

わたしは「大吉こそもっとも警戒すべきもの」であると思います。

なぜなら、大吉を引いた今は最高の状態ですが、今後は運気が下がることが考えられるからです。

一方、大凶を引いてしまった場合はどのように捉《とら》えればよいのでしょうか。それは、運気が底をついたのですから、これ以上は悪くなりません。だから、運気は上がり続けると考えられます。

「おみくじ」を引いて大凶が出たら「喜びなさい」といいたいくらいです。

■「病気になってありがとう」

わたしがパリで暮らしていた若い頃の話です。風邪を引いてある病院を訪ねたとき、病院の待合室の掲示板に患者たちの声がたくさん貼ってありましたが、その中に「病気になってありがとう」という言葉があり、印象的でした。

不思議に思ったので詳しく尋ねてみると、その患者は働き過ぎて倒れて入院したというのです。恐らく、そのまま突っ走っていたならば、死に至っていたということでした。だから、その患者は病気を神様からの贈り物と理解したのです。そこに「ありがとう」という感謝の言葉が出てきたものと思います。

つまり、悪い状態に対して積極的に立ち向かっているのです。日本にも「災《わざわ》い転じて福となす」という諺《ことわざ》があります。

わたしたちにとってよい状態は「変わらないこと」です。お互いに交わす挨拶《あいさつ》に「お変わりありませんか」というのがあります。そのような思想は「おみくじ」にも見られます。一例を示すと、石清水八幡宮《いわしみずはちまんぐう》（京都府八幡市《やわた》）には「平《たいら》」という「おみくじ」があることです。「平」とは平凡なこと、すなわち「よくもなく悪くもない」ことです。吉凶を超えて、「平穏無事こそが貴《とうと》い」とする神道の教えです。

『延喜式《えんぎしき》』に見える古い祝詞《のりと》にも「平けく安らけく」ととなえています。これはいつまでも「平穏に安泰に」という意味です。

このような「平安な生活」を最高と考えたのですが、それが物足らなくて、わたしたちはついつい刺激を求めて失敗を重ねているのが現実です。

『パワースポット』神様が祟る場所に「よい気」が生まれる

■神霊が宿る場所

「パワースポット」という言葉をしばしば耳にいたします。その意味は大地の霊気がみなぎり、それにより人びとが癒《いや》される聖地《せいち》のことです。パワースポットの代表的なところといえば、わたしなどは伊勢神宮《いせじんぐう》・出雲大社《いずもたいしゃ》、熊野三山《くまのさんざん》、富士山《ふじさん》、高千穂峰《たかちほのみね》、三輪山《みわやま》などを掲げますが、実はそのような場所は数え切れないほど多くあります。

また、パワースポットは、このような神社、山、島などだけでなく、たとえば明治神宮《めいじじんぐう》にある「清正《きよまさ》の井戸」や屋久島《やくしま》の縄文杉《じょうもんすぎ》なども有名になりました。また、最近はスピリチュアルブームに乗じて「聖地巡礼《せいちじゅんれい》」が盛んになったことも、パワースポットが注目されるようになった要因といえます。

そこで、神道の立場からパワースポットを見てみますと、それは「依代《よりしろ》」ないし「神様がタタル（祟《たた》る）場所」であることがわかります。このうち依代は、御霊代《みたましろ》、御正体《みしょうたい》、御体《ぎょたい》、霊御形《みたまのみかた》などとも称されており、「神霊《しんれい》が宿るとされる物体」のことです。また、そのような場所を「タタリ場」とも呼んでいます。タタリは目に見えない霊力が顕現《けんげん》することで、煙が立つ、風が立つ、虹が立つなどの「立つ」と同意です。よく「茶柱《ちゃばしら》が立つと縁起がよい」というのもタタリと関係があります。ただ、現代では「タタリ」という語が零落《れいらく》して悪い意味のみに使われています。

ところで、神様は神社に常住していないと説く神道学者もいます。神様は祭りのときにかぎって降臨《こうりん》するとの考えであり、そのとき、神霊が寄り付く聖なる物体をご神体《しんたい》と称しています。ご神体は神社の本殿《ほんでん》の奥深くに設けられた内陣《ないじん》に安置されており、それらは御《ご》幣《へい》、鏡《かがみ》、神像《しんぞう》などさまざまなものがあります。つまりご神体は神そのものでなく、祭りの際にそこへ神霊が宿るという、いわば依代ということになります。

だから、各神社に祭られている神様、これを祭神《さいじん》といいますが、その祭神とご神体とは区別されるべきものです。たとえば、名古屋の熱田神宮《あつたじんぐう》のご祭神は熱田大神《あつたのおおかみ》であり、御霊代（熱田神宮では「ご神体」とはいわないで、御霊代と呼んでいる）は、三種の神器《じんぎ》の一つである草薙神剣《くさなぎのみつるぎ》です。

一方、神社には神様が常在しているとの考えもあります。神社に参拝したとき、「神様が不在です」といわれると、信仰は成立いたしません。学説と実際の信仰とは違うところが多くあります。

■なぜ「那智の滝」はパワースポットなのか

パワースポットでまず思い出されるのは、熊野三山の一つである熊野那智《なち》大社の大滝です。これは一般に「那智の滝」と呼ばれて親しまれておりますが、詳しくは飛瀧《ひろう》神社のご神体なのです。

この大滝をご神体とする飛瀧神社の祭神は大己貴神《おおなむちのかみ》です。また、神様と仏様とを分け隔てなく崇拝していた神仏習合《しんぶつしゅうごう》時代には、千手《せんじゅ》観音を本地仏《ほんじぶつ》とする飛瀧権現《ごんげん》と呼ばれていました。

この「権現」という語は仏教用語ということで、明治の神仏分離令で禁止され、現在は飛瀧神社と呼ばれています。

那智の滝がなぜパワースポットとして多くの人びとから崇拝されているかといえば、そこには昔の人びとから受け継がれてきた歴史と伝統に裏付けされた心意《しんい》があるからです。

多くの人びとが那智の滝の前に立って感銘し、癒《いや》されてきた心意が、長い時代にわたり伝えられています。

また、そのことによって那智の滝の存在が確固たるものになっており、それは単なる自然物としての滝ではなく、神様そのものとして崇拝されています。つまり、ここに歴史と伝統に裏付けされた深い信仰があるのです。

ところで、パワースポットを訪れるすべての人に幸運が訪れるのではありません。

そこで大切なことは、パワースポットの前に立つ人間が豊かな「霊性《れいせい》」を持つことです。その「霊性」はスピリチュアルの訳語ですが、難しく考える必要はなく、崇高《すうこう》な山、青い海、美しい花を見て「きれいだ」「素晴らしい」と素直に感じることのできる、そのような豊かな心のことです。

要するに、自分がさまざまなチャンネルを持つことです。美しいものをそのまま美しいと思うことのできる豊かな心を持つ人こそ、パワースポットから大きな霊力をもらうことが可能となります。

わたしたちは「体操」だけでなく、毎日の「霊操《れいそう》」を忘れないことです。つまり「魂のエクササイズ」です。それを毎日続けますと、おのずと涙がこぼれてきます。その涙は喜びの心のあらわれなのです。

【お札とお守り】ご利益にあずかる飾り方、持ち方

■一年を過ぎたら神社の古札納所へ

神社にお参りすると、拝殿の横には社務所《しゃむしょ》（神社の事務を扱う建物）があり、「神札授与所《しんさつじゅよしょ》」が併設されているのが一般的です。

そこにはさまざまなお札《ふだ》やお守りが並んでいます。交通安全、家内安全、商売繁盛、安産祈願、合格祈願など、それこそさまざまなご利益《りやく》が分担されております。

そもそもなぜお札やお守りにはご利益があるのでしょうか。

神社では、お札やお守りができあがると、それを神前にお供えし、祝詞をあげてお祓いをして清めます。このようにすることにより、それらのお札やお守りは神様のしるしに聖化《せいか》されます。したがって、わたしたちがお札やお守りを受けるのは神様の分霊《ぶんれい》をいただくことを意味しています。そのようなお札やお守りは、わたしたちの身代わりとなってくれます。

罪穢《つみけが》れや厄《やく》というわたしたちを不幸にするものをすっかり吸い取ってくれるものが、お

札やお守りなのです。

俗なたとえ方をすれば、お札やお守りは冷蔵庫のいやな臭いを吸い取る脱臭剤《だっしゅうざい》のような働きをしてくれているともいえます。

しかし、その脱臭剤も、はじめは強い効果があったかもしれませんが、一年以上も入れておけばほとんど効力はなくなります。それと同じように、お札やお守りも、一年を過ぎるとわたしたちの罪穢れや厄によってすっかり汚れてしまいます。そのため、いつも新しいお札やお守りを受けるようにする必要があるのです。

また、古いお札やお守りは、感謝を込めて神社へお返しします。一般的な神社には古札《こさつ》納所《のうしょ》を設けてありますので、そこへ納めておくのがよいでしょう。すると、神社では古いお札やお守りをお祓いして「お焚《た》き上げ」をしてくれます。

お焚き上げは「神様の昇天《しょうてん》」と呼ぶところもあります。

一年が過ぎて古くなったお札やお守りは、それらを受けた神社へ納めるのが本来の形ですが、その神社が住まいから遠くにあったりする場合は、近くの神社に納めてください。大切なのは、一年間、自分を守ってくれたお札やお守りに対して感謝の念を忘れないことです。

■お札やお守りに込められている神様のパワー

お札やお守りはわたしたちを災厄《さいやく》から守り、幸福を招いてくれる護符《ごふ》の一種です。お札は神棚《かみだな》へ納め、あるいは家の中の壁や柱に貼って拝《おが》みます。たとえば、竈《かまど》の神様である荒神様《こうじんさま》のお札は、台所の柱などに貼ってあります。そこに荒神様がおられると信じて、お札に向かって拝みます。

お札を全国的に広めたのは御師《おし》たちです。平安末期になると、各地の霊地を巡拝《じゅんぱい》することが盛んになり、そこで御師たちが活躍しました。御師は参詣者たちの祈禱《きとう》をし、宿泊を斡旋《あっせん》し、またお札を配りました。身分のあまり高くない神職《しんしょく》でした。

御師は各地にいましたが、中でも熊野三山や伊勢神宮が有名でした。御師は一般に「おし」といいましたが、伊勢では「おんし」と呼んでおり、毎年、「お祓い箱」の中に新しい神宮大麻《じんぐうたいま》や神宮暦《れき》、ときには薬や野菜の種なども入れて全国に配って歩きました。そして古くなった「お祓い箱」を回収していました。不要になったものを「お祓い箱」と呼ぶのはこのことに由来します。

お守りは常に身に付けて離さないのが望ましく、このようなお守りを「肌守り《はだまも》」と呼んでいます。たとえば、交通安全のお守りなどは肌身離さず持ち歩くことが安全です。お守りが、あなたが交通事故に遭わないようにと守っておられるからです。また、一般的なお守りは、錦《にしき》の小袋に納められています。これに紐を付けて首から掛けたので「懸守《かけまもり》」ともいいます。また腕《うで》に巻く「腕守《うでまもり》」や子どもの背中に色の付いた糸で飾り縫いした「背《せ》守《まもり》」などもありました。神社によっては水晶《すいしょう》や勾玉《まがたま》など、昔ながらのお守りを出しているところもあります。いずれにせよ、お守りは各神社で祈禱と祓えを経ており、それゆえ霊力があります。

お札やお守りが自分の身代わりをしてくれるからといって、平気で悪い行ないを重ねては、よい結果はいただけません。

お札やお守りには神様のご分霊が宿っているのですから、とくに悪い行ないをしたと感じた人は、深く反省するとともに、新しいお札やお守りを受けてもよいでしょう。

ひと昔前の日本の家庭では、台所の柱などに「火盗除《かとうよけ》」（防火と盗賊《とうぞく》除け）と書かれたお札が貼られてあるのが一般的でした。いまではめっきり少なくなってしまいましたが、お札を見て、その家の人びとは火の用心や戸締りを忘れないように心がけたのです。神様を畏《おそ》れ、常に緊張感を保つためにも、お札を貼って、その前で手を合わせる心が求められています。

【絵馬】願いを叶えてもらうためのしきたり

■絵馬の奉納と天神様の由来

わたしたちの願いを神様へ届ける方法はいくつかありますが、その中の一つが「絵馬《えま》」を奉納《ほうのう》するということです。絵馬とは、一般的には手のひら大の小さな板に自分の願い事を書いて神様に納めるというもので、とても縁起がよいものです。

たとえば、合格祈願、学業成就の神様として知られる菅原道真公《すがわらのみちざね》を祭る天神様《てんじんさま》の境内《けいだい》には「願合格○○大学」と記された絵馬がたくさん奉納されているのを目にすることができます。

昔は絵馬に自分の体の悪い部分の絵を書いて奉納していました。絵馬は病気平癒《へいゆ》の願いも聞き入れてくれたのです。これと同様に、かつては農耕に重要な役割をはたしていた馬の絵を書くことで、豊作などを願ったといいます。つまり、「馬の絵」が多かったために絵馬と呼ばれるようになったのです。

なお、元来、馬は「神様の乗り物」として尊重されておりました。そのため、最初は生きている馬（神馬《しんめ》）を奉納したのですが、それはお金もかかる上に、扱いにも手間がかかることから、これを木や紙などで馬の形に作り、あるいは板に馬の形を描いたものを奉納するようになりました。

これが現在一般に見るような、天辺《てっぺん》が山形になった板状の絵馬です。

では、なぜ天神様が合格祈願や学業成就の神様になったのでしょうか。

天神様である道真は無実の罪を着せられて太宰府《だざいふ》へ流されました。何の罪も犯していないのに濡《ぬ》れ衣《ぎぬ》を着せられてしまった道真（天神様）は、「正直者が馬鹿を見るような世の中が大嫌い」な神様でありますが、天神縁起を見ますと、道真は弓道などにもすぐれていました。さらに、ことのほか学問がよくできたと記してあります。

そのようなことで、受験生が道真にあやかりたいという気持ちになるのは当然なことで、この「あやかりたいという信仰」から受験の神様として人気があるのです。

一方、天神様の歌といわれている「心だにまことの道にかないなば　祈らずとても神や守らん」というのがあります。これは「正直に一生懸命に勉強をするならば、天神様は祈らなくとも守ってあげます」という意味です。

だから、大切なことは、毎日毎日倦《う》まず弛《たゆ》まず勉強をすることです。逆の言い方をすれば、勉強しないで遊んでばかりいる受験生は、たとえ熱心に祈っても願いを納受《のうじゅ》できないという意味にもなります。

受験に見事合格したならば、必ず天神様にお礼参りをすることです。これは日常生活においても同じことで、誰かにものを頼んだとき、その結果がよいものであれ悪いものであれ、お返事を申し上げるのは常識というものです。

くりかえしますが、天神様に合格祈願や学業成就をお願いしたとき、頼りっぱなしではとても失礼な行為をしていることになります。受験の結果がどうであれ、祈願をした天神様に必ず感謝をすることは人間の道というものです。

わたしは「ありがとう」という挨拶をもっとも美しい言葉の一つだと思っています。しかし、今ではこのような美しい言葉を口にできない人も多くいます。それは悲しいことです。

わたしたちの厄介《やっかい》な願いを叶えてくださる神様の前で自然に「ありがとう」といえるような、豊かな気持ちを持ちたいものです。

暦　毎日の吉凶を占う羅針盤

■暦を信じてきた日本人

子どもの頃、わが家の居間の柱には、分厚い「日めくりカレンダー」がかかっていました。それを毎日一枚ずつ切り取るのがわたしの朝の仕事でした。その一枚ごとに「一年の計は元旦にあり」とか「時は金なり」などといった金言《きんげん》が書いてあり、その横に「大安《たいあん》」「仏滅《ぶつめつ》」などの文字も見えましたが、子どものわたしにはそれらの意味がわからず、不思議に思うばかりでした。

また、切り取ったカレンダーは母のところへ持っていくという約束でした。裏が白いので、母はそれをメモ用紙にしていたようです。それとともに、母から暦《こよみ》についてのいろいろな知識を教えられました。「友引《ともびき》の日はお葬式を出してはいけない」「仏滅はもっとも悪い日であるから、祝儀《しゅうぎ》などをしてはいけない」といった内容でした。わたしの村では「祝儀」といえば、もっぱら婚礼の意味でした。

今でも、「今日は縁起が悪い」とか、「まことにお日柄《ひがら》もよく」などという言葉をよく聞きます。「そんなことは迷信だから、無視すべきだ」という方もいるでしょうが、どうやらそうとばかりはいえないようなのです。たとえば、春夏秋冬には立春《りっしゅん》、雨水《うすい》、啓蟄《けいちつ》、春分《しゅんぶん》、清明《せいめい》、穀雨《こくう》、立夏《りっか》……などという二十四節《にじゅうしせつ》（二十四気・二十四節気《せっき》）や、これをさらに細かくわけた七十二候などが配置されていますが、これらは日本人の長い生活体験から生まれてきた生活文化です。

ややもすると自然のリズムが乱れて、例年より早く梅雨《つゆ》に入ったり、ときならぬときに雪が降ったりなど、時節はずれの現象が起こることもあります。そうすると、それらは地震や洪水といった「不吉なことの起きる前兆」ではなかろうかといって恐れ、暦を見開いて照らし合わせてみたりします。

いうまでもなく、季節は日本および日本人にとってとても重要であります。日本の宗教や伝統文化などは、日本の豊かな季節の移ろいの中で培《つちか》われてきました。だから、子どもの頃に季節を全身全霊で実感することは、その人の感情や情緒《じょうちょ》を育《はぐく》み、さらには豊かな人格の形成においても大切なことなのです。

そのためには、幼少期にできるだけ四季折々に行なわれる伝統行事に参加して、季節を肌で感ずることが重要となります。

このように、わたしたちは暦に頼り、暦を信じて生活してきたともいえます。したがって、暦は生活の吉凶《きっきょう》を占う羅針盤《らしんばん》ともいうことができます。

■神様との約束事を破っていないか

大安吉日《きちじつ》ともなれば、全国のどの結婚式場も賑《にぎ》わいを見せますし、とくに人気の高い式場では、よい日を取るために、半年ないし一年以上前から予約が必要だと聞きます。そのような話を耳にすると、そこには、普段あまり気にもとめない暦に対するわたしたちの信仰のようなものが今でも息づいていることを感じます。

科学的、合理的なものの見方をする人の中には、六曜《ろくよう》（太陰太陽暦《たいいんたいようれき》で、吉凶を定める基準となる六つの日。先勝《せんしょう》、友引、先負《せんぶ》、仏滅、大安、赤口《しゃっこう》の六つ）や九星《きゅうせい》（中国から伝わり陰陽道《おんみょうどう》を通じて広められた、運勢や吉凶を占う基準）を迷信であると一笑に付す人もいます。その一方で、六曜や九星は暦の中で、毅然《きぜん》として重要な位置を占めていることも事実です。

わたしたちは昔から、「その日に何かをするとよくないことが起こる」といわれている日があることを、何となくは知っているのですが、いちいちそれを確かめながら行動するというわけにはいきません。そこで、その日の「気運」を無視してついつい行動してしまうわけです。

つまり、無意識的に神様との約束事を破ってしまうことになるのです。

しかし暦は、あなたにとって「よい日」であるか「悪い日」であるかをきちんと示しています。

毎日とはいいませんが、商売や縁談など、とくに人生にとって重大な決断を要するときには、暦を見て、よい日を選ぶことがあなたの運勢を吉に導くことになります。何も、みすみすあなたにとってよくない日に、重大な決断や行動をすることはないのです。

そのようなとき、「よき導き」となるのが暦なのです。日の良し悪しがいわれるかぎり、暦は欠くことのできないものであり続けるでしょう。

古くからよい日、悪い日といわれていることを、故意に無視する必要はないのです。どうしてもある事情により悪い日を避けることができない場合は、あらかじめ神主《かんぬし》さんにお祓いしていただくことにより、悪い日の厄を除くことができるのです。暦は長い歴史と伝統を土台にして作成されており、それだけに信頼できるものなのです。

豆まき　節分の豆が邪霊災厄を取り払うわけ

■実は年に四回もある節分

「節分《せつぶん》」といえば豆まきが有名で、現在は二月三日です。しかし、本来、節分とは冬から春、春から夏、夏から秋、秋から冬などと季節がわかれる日の前日のことなのです。節分は年に四回ありますが、中でも冬から春への季節のわかれ目が重視されるようになりました。そして、現在では節分といえば、もっぱら立春の前日のことを意味しています。

では、なぜ立春の前日が大切にされてきたのかというと、これは二月三日の節分は旧《ふる》い冬を送り、新しい春を迎えるための重要な日とされてきたためです。二月三日は年の終わりであり、二月四日は立春ということ、すなわち新年のはじまりだからです。

わたしたちは年賀状に「初春」「新春」「迎春」「賀春」などという語を用いますが、感覚的にいえば現在の正月は春というよりも冬真っ只中です。その意味からすれば立春も同じですが、それでも二月に入ると何となく春の気配がしてきます。

立春の前日の節分は大晦日《おおみそか》にあたり、この日に日本の各地で「鬼は外、福は内」と大きな声をあげて豆まきをします。また、厄祓いをする地方も多く見られます。たとえば、廣《ひろ》峯《みね》神社（兵庫県姫路市）の「節分・立春厄除大祭」は有名です。この神社では今でも厄除けのお祓いが行なわれています。このように厄払いもすませて晴れ晴れとした新春を迎えたいものです。

節分に対する人びとの思いは昔も今も変わりません。手紙などにも「季節の変わり目ですから、お風邪など引かないように」と書きます。これは節分に邪鬼《じゃき》が風邪を持ち込むと考えたからです。

わたしはかねてより旧暦について再考する必要があると思ってきました。その理由は、旧暦の方が、季節を観念的、すなわち季節観ではなく、身に染みて季節を感ずることができるからです。

つまり、季節感として捉えることができるので、新暦よりもより深く日本人の暮らしと関係していると思っています。

■実際の年齢よりも一つだけ豆を多く食べる理由

節分でまかれた豆を拾って年の数より一つ多く食べると縁起がよいとされます。厄年というのは、よい年でないと信じられてきましたので、厄年にあたった人は、はやく厄年から逃れたいため、一つ余分に豆を食べるのです。難なく一年を越してしまおうとする気持ちがそこには込められています。

ただし、四十一歳の男性が豆を一つ多く食べると四十二になり、これでは厄年にあたる数になってしまいますから縁起の悪いことになります。このような場合は、一つ多く食べることを避け、実際の年齢の数だけ食べるようにします。

「大豆の値段もバカにならない」とか「部屋が豆だらけで掃除が大変」などと渋《しぶ》い顔をして、豆まきを行なわない若い奥さんを知っています。わたしはその奥さんに邪鬼を払い、福を招くために、ぜひ豆まきをするようにとすすめました。それから、その奥さんは大きな声で豆まきを行なうようになりました。

すると、七年間も子どもができずに悩んでいたのに、その年めでたく妊娠をして、その後幸せな家庭を築いたという例があります。あらためて、豆というのは「まめにコツコツと暮らせますように」との願いが込められている縁起のよい食べ物だということを実感いたしました。

破魔矢・ダルマ・招き猫 縁起がいいのはなぜか

■「縁起物」の本来の意味

縁起を祝う品物を一般に「縁起物」と呼んでいます。縁起物の「縁起」はもともと仏教の言葉で、「他との関係が縁となって起こること」を意味します。本当は「因縁生起《いんねんせいき》」という言葉なのですが、それを略して縁起と称しています。

わたしたちが縁起という言葉を使うのは、「縁起がよい」「縁起をかつぐ」「縁起でもない」などといった場合です。誰もが日常的に口にしている言葉といえます。

縁起物の多くは、旅行先などで神社やお寺に詣《もう》でた際に、お土産《みやげ》として求める場合が少なくありません。これは、「留守を頼んだ人に対して縁起のよい福を持ち帰る」というやさしい意味合いも含まれています。だから縁起物には単なる品物以上の価値があると考えることができます。

縁起物の代表的なものとして「破魔矢《はまや》」「ダルマ」「招き猫《まねねこ》」などがあります。

■破魔矢は「魔を破る縁起のよい矢」

「破魔矢」はその名の通り、「魔を破る縁起のよい矢」で、開運のご利益があるとされる縁起物です。

その「破魔矢」の「ハマ」とは、丸太を輪切りにしたもの、あるいは藁《わら》を丸く編んだ的《まと》を意味しました。この的を弓《ゆみ》で射止める勇ましい競技があり、そのときに用いる弓のことを「ハマ弓」と呼び、矢を「ハマ矢」といいました。そのような競技にあやかり、男の子がたくましく育つようにとの縁起をかついで「ハマ弓」「ハマ矢」を作って、男の子に贈ったのが「破魔矢」のはじまりと伝えられています。

男の子の初節供《はっせっく》や初正月に、親が「ハマ弓」「ハマ矢」を贈る風習が今でも残っています。「ハマ」に「破魔」という漢字をあてたのは、「悪魔を破る」という縁起をかついでいるわけです。

神社が出している「破魔矢」には神様の霊が込められているわけですから、わたしたちがそれを受けたら縁起棚に飾るのが本来の形ですが、最近は縁起棚のない家も多く、そのような方は神棚に置くのが望ましいです。いずれにせよ、縁起物は神聖なものですので、丁寧《ていねい》に取り扱うことが大切です。また「破魔矢」はお札やお守りと同様、新年になると新しくするとよい縁起が期待できます。

このように新しくするのは、年のはじめの原点に戻り、また新たな気持ちでその一年をやり直すという思いが込められています。ここで大切なのは、新しく生まれ変わるという常若《とこわか》の思想なのです。

■「七転び八起き」の縁起

「ダルマ」は、坐禅《ざぜん》で悟《さと》りを開いた中国の禅《ぜん》宗の始祖達磨大師《だるまだいし》（菩提達磨《ぼだいだるま》）の姿を模したものです。

インドのバラモン（学問や祭祀《さいし》をつかさどった僧侶）の出身で、六世紀はじめに中国へ渡り、各地で禅を教えました。中国の少林寺《しょうりんじ》で無言のまま九年間も壁に面して坐禅をし、悟りを開いたという故事（面壁九年《めんぺきくねん》）がよく知られています。

達磨大師の像は木に彫られたり絵に描かれて壁に掛けられたりしていますが、張《は》り子《こ》で作ってあるものがわたしたちにとっては身近で、とくに縁起のよいものとされます。

なぜなら、張り子の達磨大師の像（ダルマ）には底に重りが付いていて、倒してもすぐに起き上がることから「七転《ななころ》び八起《やお》き」の諺《ことわざ》と結びつけられて、「すぐに立ち直ることができる」という縁起をかついだものになっているからです。

　また、ダルマは願い事をするときに片目を墨で書いておき、縁起棚ないし神棚などに置いて、その願い事が叶ったらもう片方の目を書き入れてお礼します。

「ダルマ」もお札やお守りと同じように、一年に一度新しいものと取り替えて、古い「ダルマ」は火で焼くなどしてお祓いしてもらいます。縁起ダルマで有名なのは群馬県高崎市の少林山達磨寺で行なわれる「達磨お焚《た》き上げ供養法要《くようほうよう》」です。この寺では正月に境内《けいだい》でお焚き上げ供養が催されます。このお焚き上げの火にあたると、一年間を無《む》病《びょう》息災《そくさい》で過ごすことができるという言い伝えがあります。

■招き猫と豪徳寺

「招き猫」も縁起物の代表です。顔をちょこっとかしげ、前足をあげて耳を後ろからこする猫のしぐさは、まるで人を招いているような姿に映ります。そこで、そのような猫の姿を真似て作った縁起物が「招き猫」です。

　このしぐさが「人や福を招き寄せる」という意味を持つようになり、顧客や財宝を招く商売繁盛の縁起物となりました。

招き猫の由来は、豪徳寺《ごうとくじ》（東京都世田谷区）にあります。

猫は昔から霊界と通じているとされる動物でした。江戸時代のはじめ、近江国《おうみ》（現在の滋賀県）の彦根藩主井伊直孝《いいなおたか》が豪徳寺の門前にちょうど差し掛かったとき、一匹の猫がしきりと寺の中へ入るようにと招きました。直孝は不思議に思いながらも中へ入ると、その直後、門前に激しい落雷が落ちました。直孝は猫の招きによって難を逃れることができたということです。

以来、この寺は井伊家の菩提寺《ぼだいじ》となり、寺は大変に栄えたと伝えられています。豪徳寺では、いまでも仏殿横の招福堂《しょうふくどう》で招き猫が右の前足をあげて福を呼び寄せています。

なお、縁起物としての「招き猫」の由来は、その猫が死んだ後に豪徳寺の住職が猫を模した張り子の人形を作り、「招福猫児《まねぎねこ》」と呼んで供養したのがはじまりと伝えられています。

第三章

「延命長寿」のしきたり

——なぜ七五三を祝いに神社へ行くのか

厄年は「役年」であり「厄年」である

■満年齢と数え年の違い

「厄年《やくどし》」は、男性は二十五歳、四十二歳、六十一歳、女性は十九歳、三十三歳、三十七歳といわれています。

これらの年齢を「本厄《ほんやく》」といい、中でも男性の四十二歳と女性の三十三歳を、とくに「大厄《たいやく》」と呼んでいます。大厄は悪いことが起こる確率の高い年齢であり、注意を要すると信じられてきました。

大厄、本厄のいずれも、その前後一年間を「前厄《まえやく》」「後厄《あとやく》」といいます。また、後厄は「挑厄《はねやく》」ともいいますが、これらの歳も注意しなければなりません。

したがって、大厄、本厄を中心にして前後三年間は警戒しなければならない歳であるといわれています。

このように男性と女性の厄年は異なっています。それは当然なことで、男女は肉体的、精神的に違いが見られ、平均寿命も男性が八十・九八歳、女性が八十七・一四歳（二〇一六年・厚生労働省の発表による）で、かなりの隔たりがあります。ただ、男女を問わず、六十一歳の還暦《かんれき》を厄年としている地方もあり、これは古くから重視されてきました。

なお、厄年の年齢はいずれも数え年であることにも注意しておきたいと思います。

現在は満年齢が一般的です。満年齢とは、生まれたときは〇歳で、誕生日を迎えるごとに一歳ずつくわえるという年齢の数え方です。

一方、数え年は伝統的な古い数え方で、生まれたときを一歳と数えます。つまり、生まれるとともに一人の人間としての存在を認めるということになります。そして新年を迎えるたびに一歳をくわえるのです。

少し極端な例になりますが、十二月三十日に生まれた人は、二日後には二歳になるわけです。

■「やくどし」は「役年」であり「厄年」である

科学的、合理的な観点に立つ現代人の中には「厄年なんて迷信だ」と否定する方も多くいます。

それは、厄年を科学的に説明することができないからであり、また厄年には合理的な根拠がないからだと思います。

その一方で、厄年を気にかけている人も大勢います。迷信といわれながらも厄年という俗信が旧態依然として生き続けているのは、千二百年以上も前から現代に至るまで、人びとの日常生活を左右してきたという現実があるからです。

そもそも何が迷信であり、何が正しい信仰であるのかは、とても難しい問題です。

ただ、科学で説明できないもの、理不尽なものはすべて迷信であると頭から決めつけて自分たちにとって取り上げるだけの価値がないという考え方だけでは、この世の中は無味乾燥なものになってしまいます。この宇宙には科学で説明できないものがまだまだたくさんあるからです。

では、わたしたちは厄年をどのように捉えればよいのでしょうか。

厄年とは単に「厄《やく》い（災厄《さいやく》）や祟《たた》りを招きやすい年齢」というよりも、逆に、「物事が好回転に運ぶきっかけにもなり得る年齢」でもあるといえます。

というのも、男性にしてみれば、人から信頼を受け、社会的にも重要な役《ヤク》に進む年齢でもあり、女性にとっても、第二の生きがい、生活の向上の年齢でもあります。

民俗学では、ヤクとは「厄」とも書きますが、かつては「役」であって、その「役」とは「神役《しんやく》」すなわち「神社の神事《しんじ》に奉仕する役」を与えられる、そういう重要な意味を持つ年齢であり、それゆえ共同体や集団生活の中での責任も重く、より一層の注意を払うべき歳として、やがて人びとに意識されるようになってきた、と説明しています。

それが現在、かつての「役」の意味を失ったヤク、つまり不吉な意味としての「厄」だけが残ってしまったのは、神様との交流を忘れ去ったり、神様のために役立たなくなってしまった現代の日本人への、神様からのしっぺ返しとでも考えたらよいでしょうか。

四十二が「死に」に通じ、三十三が「さんざん」に通ずるなどという、語呂合わせ的な説明だけにこだわっていると、文字通り、さんざんな目に遭っても仕方ありません。

わたしは、本来役目をもらう歳、それが「役年」であり、「厄年」である、と考えています。

いや、そうであるからこそ、わたしたちの災難や凶運を神様によって祓《はら》っていただけるのです。

『厄祓い』新しい自分を誕生させるための方法

■「忙しい」というのは「心を失っている」ということ

わたしたちの幸、不幸を左右しているものの一つに「厄祓い《やくばら》」があります。現代においては、厄祓いに絶大な信頼を置いている人は少なくなりましたが、それでも厄祓いをしたことで心に平安を取り戻し、そのことによって救われていることも事実です。

わたしの場合でいいますと、四十歳を過ぎてから急激に仕事が増え、社会的にも責任のある役職に就くようになりました。ところが、それに伴って夜中の十二時を過ぎてから家に帰ることも多くなり、子どもと夕食をともにすることも皆無《かいむ》に近くなり、しばしば朝食や昼食を抜くような日々も続きました。通勤の電車に乗っていても、考えるのは仕事のことばかり。文字通り、「多忙」の日々でした。

その結果、ついにわたしは胃腸を悪くし、家族とも不和《ふわ》になりました。そして、そのような状態が一年近くも続いたのです。

「不幸は一人ではやってこない」といいますが、その後、なぜか仕事も思うようにいかなくなり、とうとう血圧も上がって倒れてしまい、入院するはめになりました。

すべてにおいて不運続きのわたしに、ある日先輩の教授からこう話しかけられました。

「君も厄年だね。厄祓いをしたらどうだい?」

その言葉が妙に心に残ったわたしは、氏神様《うじがみさま》へ詣《もう》でて「厄祓い」をすることにしたのです。厄祓いの日、わたしは神主《かんぬし》さんから「あなたはお忙し過ぎますね。忙しいという字は忄偏《りっしんべん》に亡《ほろ》ぶと書きますでしょう。いまのあなたは文字通り、『心を失って』いますよ」とのお説教をいただきました。この説明は学問的ではありませんが、「なるほど」と思ったものです。

その日の晩、わたしは親戚や親しい友人を招待して酒を酌《く》み交わし、その宴《うたげ》を大いに楽しみました。このようにするのが、古くからの習わしであったからです。

さて、その後、友人からは「厄祓いの効果はどうですか?」としばしば聞かれましたが、一言でいえば、「厄祓いは役に立った」といえます。厄祓いをしてもらって以降、まず何よりも、あれほど弱かった胃腸が嘘のようにすっかりよくなりましたし、血圧の方も順調に平常値に戻りました。それと同時に、仕事上のさまざまな障害も次々と取り除かれていったのです。

昨今の世間の風潮では、「厄年なんて迷信である」と一笑に付す人が多くいます。しかし、医学博士の金子仁先生（元日本医科大学教授）は著書『厄年の科学』の中で、このように述べておられます。

「厄年とは、日本人が長い間かかって経験的に知った生活の知恵である……この知恵を、単なる迷信と区別して、科学的、医学的に捉《とら》えることは、健康的な生活を送るうえで大きな意味がある」

事実、「厄祓い」によって、わたしはいままでの自分をすっかり葬《ほうむ》り去ることができました。言い換えますと、いままでの自分をいったん死に追いやり、それと同時に、新しい自分を誕生させることができたといえるでしょう。信じられないかもしれませんが、「厄祓い」には、このように人間を変身させる目に見えない不思議な力が秘められており、またそれによってさまざまな願い事が叶えられることがあるのです。

■「幸い」と「災い」は紙一重

わたしは社会的な責任を負うようになってもたらされた「幸福」から、家庭内不和や体調不良などの「不幸」を味わいましたが、幸福と不幸というのは生死と同じように、互いに相反するかのように見えて、実は根本では密接につながっています。「禍福《かふく》は糾《あざな》える縄《なわ》の如《ごと》し」（幸福と不幸は、より合わせた縄のように交互にやってくる）とも諺《ことわざ》にあります。

つまり、「幸《さいわ》い」と「災《わざわ》い」はいつも同居している、ということです。

本当の幸福を知るには、不幸から目を背《そむ》けてはいけません。あなたにもしも不幸が訪れたならば、それをよく見て、不幸となった原因を探ることが、幸福をより深く理解するためには必要不可欠なことなのです。

わたしたちは、不幸に対してはややもすると「見て見ぬふり」をしがちです。しかし、そのような態度では、本当の幸福は訪れないでしょう。

神道《しんとう》的に考えると、「幸い」と同居していた「災い」が目を覚ましたのは、慎《つつし》みを怠《おこた》ったからです。そこで神道では古くから「慎みて怠ることなかれ」と教え諭《さと》してきたのです。平たくいうと、「常に慎むという気持ちや態度を忘れてはいけない」ということです。

慎みのない生活が、その人の、または、社会全体の不幸の原因になってきたのは、今までの歴史が証明していることです。「慎みて怠ることなかれ」という神道の教えは、いつの時代にも有効なのです。

【七五三】「神様の子」の成長を奉告する

■神様に子どもの成長を見せる儀式

古来、子どもは七歳になるまでは「神様の子」といわれてきました。地方によっては、七歳になるまでは氏子《うじこ》とみなさず、戸籍《こせき》にものせないというところもありました。

その理由は、子どもの魂《たましい》は純粋で美しく、神様にもっとも近いものとされてきたからです。言い換えると、子どもは神様から託されたものという考えがあります。だから、子どもを授かった両親はその子を神様の子のような気持ちで育てたのです。

七五三《しちごさん》という慣習ができたのには、子どもが成長していく過程を神様へお見せする必要があるということが起源になっています。

七五三は、紋付《もんつき》の羽織《はおり》に袴《はかま》姿のかわいい男の子や晴れ着を着た女の子が氏神様へお参りし、お祓いを受ける行事です。

神社においては、神主さんがお祓いをし、子どもの成長ぶりを氏神様に奉告《ほうこく》するとともに、将来のご加護《かご》を願う祝詞《のりと》をとなえます。また、家庭においては、赤飯《せきはん》を炊いてお祝いし、子どもと両親がそろって晴れ着を着て氏神様へ参拝いたします。

つまり、子どもと神様の縁を深くする慣習が七五三であり、とても縁起のよい行事といえます。

現在、七五三の行事は十一月十五日に行なわれます。これは、江戸時代中期の五代将軍である徳川綱吉《とくがわつなよし》が自身の子どもである徳松君《とくまつぎみ》のお祝いをこの日に行なったことに由来しています。

男の子は三歳と五歳、女の子は三歳と七歳に氏神様へ参拝しますが、このような慣習が根付いたのは明治時代以降のこととされます。それは七五三という言葉が文献において見られるのが明治以降のものにかぎられるためで、それ以前は三歳とか五歳といった年齢にこだわることはなかったようです。

男の子の場合、三歳になると、「髪置《かみおき》」といって、それまで剃《そ》ったり切ったりしていた髪の毛をはじめて伸ばしはじめる儀式がありました。五歳のときには、はじめて袴をつける「袴着」という儀式がありました。

女の子の場合、三歳には男の子と同様の「髪置」の儀式があり、七歳になると「帯解《おびと》き」という、童子の着物をやめて帯を用いる大人の着物に変える儀式がありました。

七五三に付き物なのが千歳飴《ちとせあめ》です。千歳飴を手にした晴れ着姿の女の子や男の子の姿は実に微笑《ほほえ》ましいものです。

千歳飴は紅白に染めた棒状の飴で、鶴や亀などの絵が描かれた細長い袋に入れられています。由来は、一説によると、東京の神田明神《かんだみょうじん》の社頭で売られていた「祝飴《いわいあめ》」とも伝えられ、神社によっては供饌《ぐせん》菓子として護符《ごふ》代わりにわけるところもあります。

その細長い形から、千歳飴は幸福が長く続くようにとの願いが、また、「千歳」という名称からもわかるように、長寿の願いも込められております。

幼いうちに命を落とすことが少なくなかったかつての日本では、自分の子どもに先立たれて悲しみに暮れた親がたくさんいたはずです。

七五三のお祝いに千歳飴を食べる習わしが連綿《れんめん》と受け継がれてきたのには、そんな両親の温かい思いが込められているはずです。

七五三は重要な「人生の節目」です。この儀式を通して、子どもたちの成長を見守っていきたいものです。

ひな人形と鯉のぼり 子どもの厄や穢れを祓う儀式

■子どもの災いを引き受けてくれるひな人形

三月三日は女の子たちが楽しみにしている「桃《もも》の節供《せっく》」です。この日、ひな人形を飾って祝うところから「ひな祭り」「ひな遊び」ともいいます。女の子が生まれると、最初の節供を「初節供」と呼び、それを機会にひな人形を求めて飾る家庭が多いようです。

「ひな祭りにひな人形を飾らないと、たいへん縁起が悪くなる」とか「ひな人形は毎年飾らなければならない」といわれるのは、人形が箱の中から出てきて、女の子を災《わざわ》いや病気などから守ってくださる、と古来より信じられてきたからです。

「毎年ひな人形を箱から出すのは面倒だわ」などといって飾らない人もいますが、これでは災いや穢《けが》れや病気が、知らず知らずのうちにそのままになり、積もってしまうことになります。

島根県安来《やすぎ》市や鳥取県鳥取市の用瀬《もちがせ》町などには「流しびな」といって、ひなを流しやる風習が今も行なわれています。三月三日の夕方、供《そな》え物《もの》をそえて俵《たわら》の上に乗せ、丁重に流します。前述したように、ひな人形に災いや穢れや病気を背負ってもらい、子どもの身代わりとしてこれらを海や川に流すわけです。ひな祭りとは、元来このようなお祓いの行事だったのです。

ひな祭りの日が近づいてくると、わたしは子どもの頃に炉端《ろばた》で祖母から聞いた昔話を思い出します。その昔話とは、人間の娘が蛇と婚姻するという「異類婚姻譚《いるいこんいんたん》」の一つ、「蛇《へび》聟入り《むこい》」です。そこには「なぜひな祭りに女の子たちは白酒《しろざけ》を飲むのか」との由来が語られています。それを祖母の昔話により掲げてみますと、白酒を飲む由来を次のように語っています。

蛇といやいやながら結婚した末娘が何とかして蛇から逃れようと、蛇が昼寝をしている池の中へ千本の針をばらまきました。すると、針は蛇のうろこに突き刺さり、苦しんでいる間に娘は実家へ逃げ帰ってきました。しかし、そのときすでに娘のお腹《なか》には蛇の子が宿っていたのです。そこで、三月三日に白酒を飲むと、その蛇の子が流産することを聞きます。母親が娘に白酒を作って飲ませますと、たくさんの蛇の子が流れ出たというのです。このような由来により、女の子たちは胎内《たいない》に悪い子が宿らないように、三月三日のひな祭りには必ず白酒を飲むようになったといいます。

また、ひな祭りには、はまぐりを供え、赤飯と一緒にはまぐりのお吸い物を食べると縁起がよいと伝えられています。はまぐりはかたく口を閉じていることから、「身持ちのかたい女性に育つ」ようにとの願いが含まれているのです。

■なぜ端午の節供に「鯉のぼり」を立てるのか

五月五日を「子どもの日」と称し、現在では国民の祝日になっていますが、もとは五節供の一つの「端午《たんご》の節供」として祝われていました。この日に鎧《よろい》や兜《かぶと》を飾るのはとても縁起がよいとされたのです。

以前、端午の節供は「男の子の節供」といわれてきましたが、今は男女を問わず、子どもたちの幸福を祝う祝日になっています。そのようなことで、この日は子どもたちを中心としたさまざまな行事が行なわれています。子どもたちが健《すこ》やかに成長するように、またそれらの行事にできるだけ出席するようにして、多くの友だちと触れ合い、仲良くすることはとてもよいことだと思います。

わたしの子どもの頃は、端午の節供が近づくと、男の子のいる家庭では鯉《こい》のぼりを立てて、その子が健やかに成長することを願ってお祝いしていました。鯉のぼりを立てることは今も見られます。このようにするのは鯉がとても縁起のよい魚であるからです。「鯉の滝のぼり」というように、鯉は逆境にも負けることなく、勝ち上がる出世魚《しゅっせうお》なのです。

鯉のぼりの竿の先端に「籠玉《かごだま》」と呼ばれる金属製の丸い飾り物を付けるのが一般的ですが、ある地方では竹籠を取り付けるところもあります。これは神様を天界から招くための「依代《よりしろ》」の一種なのです。

また、「吹き流し」という長い絹が鯉のぼりの竿の上になびいています。これは旗《はた》の一種と説明されますが、もとは神主さんがお祓いのときに左右左と振る「大麻《おおぬさ》」と同じ意味を持っているものと考えられます。つまり、鯉のぼりに付いている吹き流しは、罪や穢れを取り除き、清めるためのものと理解することができます。

わたしの子どもの頃を思い出してみると、端午の節供に、束ねた菖蒲《しょうぶ》の葉を必ず湯船に入れて風呂を沸かしていました。毎年、父と一緒に菖蒲湯に入ることが楽しみで、あのときの菖蒲独特の香りは今もしっかりと覚えています。

また、そのとき父が「菖蒲湯に入ると、病気を起こす悪魔を除けることができるのだよ」と教えてくれたことも記憶に残っています。

長寿の祝い　還暦、古希、喜寿…のそもそもの由来

■一定の年齢になったことを祝う儀礼

「還暦」や「古希《こき》」、「喜寿《きじゅ》」など、長寿を祝う行事は中国から伝わったものといわれています。日本でもすでに奈良時代から一定の年齢になったことを祝う儀礼が見られます。

現在においても、民間では、年齢を重ねる中で重要な節目となる年を迎えることを「年《とし》祝《いわ》い」といって、家族に囲まれながら祝いを催しております。

長寿を祝う儀式は「日本の真心」といえます。たとえば、会社を定年まで勤め上げた際に祝う「定年祝い」も、広い意味でいえば長寿を祝う儀式といえるように思います。そこには、長い年月を無事に勤め上げた人に対する感謝と、役割を完遂《かんすい》したことに対するねぎらいの気持ちが含まれております。また、その祝いは、今後の人生を祝福する心を伝えるという意味もあります。このようにお祝いをすることで、周囲の人びとも長寿の運をわけてもらう、いわばあやかりたいという意味も含まれています。

皆さんがよくご存じの長寿の祝いには左記のようなものがあります。これらはもともと

は数え年で行なわれていますが、現在では満年齢で行なわれる場合も少なくありません。

還暦（数え年六十一歳）

「本卦還り《ほんけがえり》」ともいわれる祝いの節目で、干支《えと》が六十年で一巡し、生まれた年と同じ干支がめぐってくることを意味します。このことから、生まれたときの赤ちゃんに戻るという意味合いから、赤いちゃんちゃんこを着て赤い頭巾《ずきん》を被り、無病息災《むびょうそくさい》や長寿を寿《ことほ》ぐしきたりがあります。

古希（数え年七十歳）

唐の詩人杜甫《とほ》の『曲江詩《きょっこうし》』の「人生七十、古来稀《まれ》なり」の一節から、七十歳に達することを古希といいます。このときには紅白の餅をつくって祝います。

喜寿（数え年七十七歳）

「喜」という漢字の草書体である「㐂」が七十七に見えることから喜寿というようになりました。このとき、お祝いをされるご本人の直筆で扇子《せんす》などに「喜」の字を書いて親類などへ配ることも見られます。

傘寿《さんじゅ》（数え年八十歳）

傘の略字が「八十」に見えることから、八十歳に達することを傘寿といいます。

米寿《べいじゅ》（数え年八十八歳）

「米《よね》の祝い」とも呼ばれます。米の字をわけると八十八になることから、このように呼ばれるようになりました。

白寿《はくじゅ》（数え年九十九歳）

百から一を引くと九十九になることから、白寿と呼ばれています。

上寿《じょうじゅ》（数え年百歳）

「長寿」を上・中・下にわけた場合、上を百歳、中を八十歳、下を六十歳としました。このことから、百歳の祝いをこのように呼ぶことになりました。

神道《しんとう》では「生命は神様が人間におまかせになったもの」という考え方が見られます。だから、その生命を神様へお返ししたとき、一般的にはそれを「死」といいますが、神道では「新しい生命の再出発」と考えてきました。つまり、死は再生のときなのです。

たとえば、バスの「ターミナル」という言葉が意味するように、そこは一つの路線の「終着駅」ですが、よく見ると、そこから新たな目的地へ向かって出発するバスも多くあります。神道の生命に対する考え方もこれと同じように、生命の終わりは、同時に新しい生命のはじまりでもあるのです。

お正月　新しい年の魂を「御霊飯」としていただく

■「正月三日、盆三日、祭りは二日で、おくまいか」

わたしの故郷である石川県の金沢には「正月三日、盆三日、祭りは二日で、おくまいか」という言い伝えがあります。

最後の「おくまいか」とは金沢の方言で「止《や》めておこうじゃないか」というほどの意味です。だから「お正月は三日間、お盆の休みも三日間、氏神様のお祭りの休みは二日間で、止めておこうじゃないか」ということになります。

このような言い伝えは今も変わることなく守られており、正月休みは元旦から三が日が一般的で、四日は「仕事始め」として、それぞれの生業《なりわい》が始まる日となっています。

ここで注目されるのは、お正月とお盆とを同等に考えていることで、そこに「お正月とは何か」という問いの答えを解く一つの鍵があるように思います。

この考え方は古くからのことで、鎌倉時代末期（十四世紀前半）に吉田《よしだ》兼好《けんこう》が書いた『徒然草《つれづれぐさ》』第一九段に、次のような一節があります。

亡き人のくる夜とて魂祭るわざは、このごろ都にはなきを、東のかたには、なほする事にてありしこそ、あはれなりしか。

（西尾実・安良岡康作 校注『徒然草』岩波文庫）

これは大晦日《おおみそか》の夜遅くに行なわれる先祖の「み魂祭《たままつ》り」の記事で、そのような行事は兼好が住んでいた都（京都）ではすでに行なわれなくなっていたのです。ところが、武蔵国《むさし》では今でも行なっているということで、都へ帰った兼好はそのことが思い出されて、喜ばしい気持ちになったと記しております。

兼好は武蔵国の金沢、現在の横浜市金沢区を訪れたのであり、そこで大晦日の夜に先祖の「み魂」を祭っているのに出会ったのです。

■「御霊飯」から正月を考える

元旦の朝に、母が作った「御霊飯《みたまのめし》」を家族がそろって食べたことを覚えています。

その御霊飯は白いおこわに黒豆を入れたものであり、何か死と関わりのある法事のときの食べ物のようであったので、そのときは正月から縁起でもないと思ったものでした。しかし、今から思うと、あれは「み魂祭り」の名残《なごり》であったということがわかります。「み魂祭り」に供《そな》える御霊飯は、新しい年の魂、すなわち「年玉《としだま》」のシンボルと考えられます。

それを元旦に家族がそろっていただくのは、「み魂祭り」の後の直会《なおらい》、つまり、「人びとがともに食べたり飲んだりすること」とも理解できます。先祖のみ魂である年玉をいただくことで、皆が新しい年の魂を身に付けて、ご先祖様に守られて、今年も元気で過ごしたいという願いを意味していたのです。

大晦日の夜遅くに先祖のみ魂が訪れてきて、わたしたちに新しい年玉をくださるということが、このように古くから信じられてきました。だから、先祖のみ魂は新しい年の魂（年玉）であり、その「年」とは「稲（米）」のことなのです。

いまも「僕は君よりも年を食っている」というように、年は稲（米）の魂を意味しています。

こう考えると、お盆にも正月と同じような意味がある理由がわかります。だから正月は一年に一回でなく、少なくとも二回あるということになります。それどころか、大正月、小正月があり、また二月には旧正月を祝います。

このほかにも、嫁の正月、煤掃《すすは》き正月、年越し正月、流行《はや》り正月、貧乏人の正月、墨付《すみつ》け正月、寺正月、目の正月、仏の正月、寝正月、雨降り正月、二十日《はつか》正月、返り正月、女正月、二番正月、七日正月、骨《ほね》正月、田打ち正月などと、それこそ数え切れないほどの正月があります。

このように正月が多いのは、正月によりわたしたちは常に出発点に立ち返り、自分を再生させるためだと思います。正月はわたしたちに活力を与え、さらなる発展へと導く不思議な力を持っているのです。

「お正月とは何か」と問われれば、「魂の更新のとき」「初心・原点に帰るとき」「再生・出直しのとき」ということなのです。

初詣　「元日」と「初日の出参り」の意味とは

■なぜ「新年おめでとう」と祝うのか

新年になると、多くの人びとが神社やお寺へ初詣《はつもうで》に出かけます。

初詣とは、年が改まり、はじめて神社やお寺に参詣《さんけい》する習俗のことです。

十人十色といわれるように、初詣の意味は人によってそれぞれ異なっております。したがって、それらを一括《ひとくく》りで考えるのは短絡的《たんらくてき》といわれるかもしれません。

ただ、どなたにも共通しているのは、「新年がよい年でありますように」との願いではないでしょうか。

昨年がよい年であった人は「今年も相変わらずよい年でありますように」と願い、昨年が悪い年であった人は「今年こそはよい年でありますように」と祈願します。

元日の朝に届く年賀状の多くは「新年おめでとう」と書いてあり、互いに交わす挨拶も同じです。

実際は、前年に年が一つくわえられるわけですが、「平成○○年おめでとう」とはいわず、

「新年おめでとう」というのは、初詣の意味を考える上でとても重要なことなのです。

また、「元日」という言葉も、生きとし生けるもの、ありとしあらゆるものが新生するという意味です。中でも、年・月・日の三つの元《はじめ》であることから、元日を「元三《がんざん》」ともいいます。

このような例は枚挙にいとまがありません。よく知られているのは、元日の朝（元旦）に昇る太陽を「初日《はつひ》」と呼んでいることです。初日は一年の最初の夜明けであり、めでたいとされ、その初日の出を拝《おが》みに出かける習俗があります。これを「初日の出参《まい》り」と呼んでいます。

初日が姿をあらわすとき、願い事やその年の決意などを祈る人が多くいます。そのとき、初日の出参りの人びとは自然物としての太陽ではなく、実は「日の大神《おおかみ》」を拝んでいるのです。

「日の大神」とは、伊勢神宮《いせじんぐう》の内宮《ないくう》（皇大神宮《こうたいじんぐう》）に祭られている天照大御神《あまてらすおおみかみ》のことです。

本居宣長《もとおりのりなが》の『玉鉾百首《たまぼこひゃくしゅ》』という歌集には、次のような歌があります。

たなつもの　百《もも》の木草《きぐさ》も　天照《あまてら》す
　日《ひ》の大神《おほかみ》の　恵《めぐ》みえてこそ

「たなつもの」とは「田からとれるもの」という意味で、稲の種子（御米）のことです。

また、『日本書紀《にほんしょき》』神代上《かみよのかみのまき》に、天照大神《あまてらすおおみかみ》が「稲を以てはたなつものとす」と書いてあります。

そして「百の木草」とは「多くの果実」という意味で、果は木の実、実は草の実のことです。

日本人はことのほか「天照す日の大神」が、天照大御神です。

日本人はことのほか「はじめ」を大切にしてきました。

そのような考えは「はじめよければ終わりよし」とか「初心忘るべからず」などの諺《ことわざ》にもあらわれています。

新年になり、はじめて社寺へ参詣する初詣の意味も、このような「はじめ」を大切にしてきた日本人の心のあらわれの一つといえましょう。だから初詣は心身を清め、晴れ着を着て、改まった気持ちで出かけたいものです。

お年玉　年神様からの「賜り物」を子どもたちに与える

なぜお年玉を「おひねり」と呼ぶのか

お正月、子どもたちが楽しみにしているのは「お年玉《としだま》」です。

この「お年玉」を子どもにあげることには、「自分の魂を分け与える」という意味が含まれています。

お年玉は古くは現在のような金銭ではなく、円《まる》いお餅《もち》でした。

つまり、新しい年神様《としがみさま》の魂が込もったお餅を食べ、その魂を子どもたちや使用人に分け与えることがお年玉の起源だったのです。そして、そのお餅を「お年玉」と呼びました。

円いお餅は「年神様の魂のシンボル」であり、新鮮な威力を持っています。子どもたちはお年玉をもらうことで、本当の意味で縁起のよい新年を迎えることになるのです。このように考えると、子どもにお年玉をあげることが嬉しいことのように思えるようになります。

お年玉のことを「おひねり」ともいいます。

それは、お賽銭のところでも記しましたが、年の魂にかぎらず、魂というものはとても軽く、空中をふわふわと浮遊しているものだとされてきました。

それが飛び散らないようにと、白い紙の中に包み込み、それをひねって封じ込める意味から、お年玉も「おひねり」と呼ばれるようになったとされます。

お年玉には魂を包み込む気持ちが込められているということです。だから、小さな袋の中に入れます。

鹿児島県の薩摩《さつま》半島から西へ三〇キロの東シナ海に浮かぶ甑島《こしきしま》（上《かみ》甑島・中《なか》甑島・下《しも》甑島）などには、子どもの背中にお年玉と称して大きな円いお餅を背負わせるという風習が伝えられております。

この風習は、たとえば気落ちしている人に「しっかりしろ！」といったりするときに背中を叩くことに似ていて、「さあ、今年もがんばるんだよ！」という願いを込めて、子どもたちの背中に負わせることにより、その年の新しい魂を付けるのだと思います。

お中元やお歳暮は、目下から目上へ贈るものですが、お年玉は目上の人から目下の人へ贈ります。これは、目上の人が目下の人へ自分の魂をわけることに意味がありますので、いただく側はそれを与えられることによって励まされ、暮らしの活力にするのです。

また、クリスマスにサンタクロースがプレゼントを携えて、子どもたちのもとを訪れるように、老人が子どもたちにお年玉を配って歩くという風習がある地方も見られます。お年玉が年神様からの「賜り物《たまわりもの》」であり、それを配る老人は年神様の代役をはたしているのです。

新しい年の魂のシンボルであるお餅を食べて、しっかりと新しい年の魂を体内に取り込み、そしてその魂を子どもたちへお年玉として分け与える。これがお年玉の風習の意味であり、そこには年の魂を大切にしてほしいという願いが込められています。

こう考えると、お年玉はとても縁起のよい風習といえます。

なお、いまでは年始のお年玉のほか、お盆に子どもたちに金銭を分け与える「お盆玉《ぼんだま》」という風習もあります。

お盆玉の風習は、江戸時代に山形県の一部の地域で行なわれていたものが発祥とされ、夏に奉公人《ほうこうにん》へ衣類や下駄《げた》を渡す習慣がありました。それは全国的なものではありませんでしたが、いまでは徐々に根付きつつあります。

『花見』稲の神様に秋の豊作を祈る宴

■神様とともに人びとが集い遊ぶ

日本人であれば、木の花といえば桜を指します。桜の名所として有名なのは東京の上野の山や奈良の吉野山ですが、この場合も「花は吉野」などというように、花といえば桜を意味しています。

さて、毎年春になると、わたしたちは天気予報とともに伝えられる桜前線を気にするようになり、満開になる日を心待ちにいたします。

そして、桜の花が咲いたならば、今度は「花見」と称して家族や仲間と宴会を開き、春の訪れをともに喜びます。

なぜわたしたちは桜の花の下で宴《うたげ》を開くようになったのでしょうか。

それは、桜の花には稲の神様が降りてこられるという古くからの信仰があるからです。桜の花が満開になった年は、秋に稲が豊作になると言い伝えられています。

稲の豊作をあらかじめ祝うための行事が花見というわけです。つまり、花見とは、稲の神様が宿られる桜の花の下で、神様とともに人びとが集い、ともに遊ぶという、とても縁起のよい風習なのです。

わたしの知人で、生まれてから一度も花見をしたことがないというたいへん珍しい人がおりました。

彼は生真面目な性格で、屋外でお酒を飲んだり、騒いだりするのは不謹慎《ふきんしん》なことであると考えていたようです。

いつでしたか、わたしが彼に、前述したような花見の縁起のよい由来話をすると、彼はさっそく友人たちと花見に出かけました。

すると、その後、彼には幸運がもたらされました。部長に任命され、お給料も大幅にアップしたのです。

このことは理屈では説明できないことですが、おそらく花見を楽しんだことが縁となって、人と人との付き合いも順調に運び、仕事運の上昇につながったのではないでしょうか。

ちなみに花といえば、四月八日は「花祭り」の日です。この日はお釈迦様《しゃかさま》の誕生日を祝うお祭りですが、実は仏教が日本へ伝わる前から日本には花祭りが行なわれていました。

この日に山へ行き、ツツジや藤の花を取ってきて軒下《のきした》に吊るしたり、高い竿《さお》の先に花びらを結び付けて立てたりする行事などをしていました。

これを「テンドウバナ（天道花）」と呼びますが、この風習は「作神様《さくがみさま》」という神様を迎えるためのものです。

作神様は稲作の神様で、「農作様《のうさくさま》」「田の神《たのかみ》」「ツクリガミ」などとも呼ばれます。農業に関することがらの全般にわたって守護《しゅご》してくださる神様で、旧暦の二月五日に餅をつく杵《きね》の音を聞いて降り、十月十五日に杵の音で送られ、帰ります。

また、作神様は養蚕《ようさん》の神であるオシラサマとも深い関係にあるとされ、同じ時季に人びとのもとへ降るといいます。

四月八日は、日本のそれまであった伝統的な花祭りがあり、それが仏教に取り入れられて現在のような形になったといえます。

お祭り　氏神様と氏子を結び付ける神輿の巡行

■氏神様にとって一年でもっとも重要な「例祭」

日本人はお祭りが大好きで、一年三百六十五日、日本のどこかでお祭りが行なわれています。四季折々のお祭りもあれば、生活の中での個人的なお祭りもあります。

古くから日本人は、その地域を守護する神様がおられると信じてきました。これを一般に「氏神様《うじがみさま》」と呼んでおります。

どの地域にも必ず氏神様が祭られています。だから、その地域に住んでいる人びとは、その氏神様の氏子《うじこ》になるのです。たとえば、近くに八幡神社《はちまんじんじゃ》があれば、そこに住む人は八幡様の氏子ということになります。

氏子たちは毎年、決まった日に氏神様のお祭りを執《と》り行なっています。お祭りを「例《れい》祭《さい》」といいます。

例祭は、その地域の氏神様にとって一年に一度の重要なお祭りですので、「例大祭《れいたいさい》」「大祭」ともいいます。

急激な都市化に伴い、その地域に新しい人が移り住むようになります。新住民の中には、氏神様や地域のお祭りに無関心な方も少なくありません。隣に住んでいる人の名前や、どのような仕事をしているのかも知らない場合が多いわけです。

とくに近年は個人情報保護ということで、こちらからお尋ねするのも遠慮がちになります。そのようなとき、地域のお祭りに参加することにより、おのずと互いに縁を結ぶことができます。

昔からの住民と新しく移り住んでこられた方々との交流の場として、地域のお祭りに参加することはとても重要なことなのです。

一方、お祭りにまったく関心のない方もいます。あるいはお祭りを見学しにくる人もいます。

お祭りのときに出る夜店だけを見にくる子どもたちも多くいます。事実、わたしも子どもの頃は氏神様にお参りなどしないで、境内《けいだい》に立ち並ぶ夜店で金魚すくい、ヨーヨー釣り、輪投《わな》げ、射的《しゃてき》などに興《きょう》じたものでした。このような人びとはお祭りに直接参加しておらず、お祭りの傍観者《ぼうかんしゃ》といわれるかもしれません。ですが、わたしはそれでもよいと思います。

お祭りに積極的に参加している人を見ると、ほとんどは古くからの住民です。彼らの多くは氏子総代《そうだい》、世話人《せわにん》でありますが、それぞれに仕事を分担して手際よくお祭りの準備をしています。

毎年の繰り返しですので、勝手《かって》がわかっているのでしょう。お神輿《みこし》や山車《だし》の準備、お旅所《たびしょ》の設営、お祭りの費用の集金、警察との折衝《せっしょう》などもいたします。このように昔からの氏子たちにより、地域社会のお祭りは運営されているのです。

■祭りに参加する意義

「お祭りに参加する」行ないには、氏子同士が互いに強く結ばれるという意味があります。人生には苦しいとき、悲しいときもありますが、そのようなときにお祭り仲間たちは互いに支え合い、助け合うことができます。だから、お祭りに参加することは、その人の人生においても有意義であるといえるのです。

現在の地域社会には、さまざまな住民がいます。昔から住んでいる人びとだけでなく、新しく移り住んでこられた方々も多くいます。職業も、年齢も、学歴も、ものの見方や考え方もさまざまです。

そのような複雑多岐な住民により成り立っている地域社会を穏やかにまとめる上で、お祭りは大きな貢献をしているのです。

お祭りの持つ不思議な力は、はっきりと目には見えませんが、多くの人びとがお祭りに参加することにより、互いに強い絆《きずな》で結ばれ、その地域社会が一つにまとまりながら発展していくことができるのだと思います。

なお、お祭りの気分をおのずと盛り上げてくれるお神輿の巡行《じゅんこう》も、氏神様と氏子、あるいは住民同士を結びつける絆の役割をはたしています。

お神輿を担ぐときの掛け声の「ワッショイ、ワッショイ」の語源は「和一緒」「和し背負え」など諸説があります。しかし、掛け声は「ソイヤ、ソイヤ」「ホイサ、ホイサ」「エッサ、エッサ」など地方によりさまざまです。

大切なのは、そのような言葉の意味を尋ねることよりも、実際にお神輿を担いでみること、それによってみんなの心が一つになること、要するにそのときの実感なのです。

大掃除 新しい年の神様を招くための「煤払い」

■十二月十三日は「煤払い」の日

「大掃除《おおそうじ》」といえば、ふだんは掃除しなかったところまで、念入りにきれいにする年末の大掛かりな掃除のことですが、もともとの意味は春と秋の二回、各家庭で行なった特別の掃除のことをいいました。

大掃除は、なんといっても、家のすみからすみまで、しっかりと行なうことが縁起がよいこととされます。

なぜなら、年が明けると、家の中には新しい年の神様、つまり「年神《としがみ》（歳神）」がやってこられることになりますので、年神様をお迎えするにはどこもかしこもきれいにしておかなければならないからです。

大掃除をする日は決まっていませんが、昔は十二月十三日に煤払《すすはら》いをすると縁起がよいといわれました。

現在も、神社やお寺では十二月十三日に煤払いを行なっています。煤払いは、「正月迎え」

「ことはじめ」「ええことはじめ」などといっている地域もあり、正月の準備をするはじめの日ともされています。地域によっては、この日に正月飾りの松を山から切り出す「松迎《まつむか》え」の行事などを催すところもあります。

わたしたちの家庭でも、十二月十三日の煤払いの日に、本格的な掃除をしないまでも、神棚《かみだな》や仏壇《ぶつだん》はきれいにするようにしたいものです。

また、煤払いのときに使ったほうきを神棚の下に立て掛けたり、この日にしめ縄を掛けたりしてお祭りする地方もあります。

このように見てきますと、煤払いとは単なる掃除の日ではなく、新しい年神様を迎え、災厄《さいやく》などを祓う大切な日であることがわかります。

家の中に新しい神様を迎えるにあたり、家の中が汚れていては神様もすぐに出て行ってしまうことでしょう。

また、大掃除をすることによって、皆さんの心にたまっていた穢れや災厄がきれいさっぱり取り除かれるのが大掃除なのです。

門松・鏡餅・雑煮　年神様を迎えるための目印や依代

■門松は神様が天から降りてくるときの目印

そもそも門松《かどまつ》とはいったいどういうものなのでしょうか。門松とは、新しい年神様が天から降りてこられるときの目印と考えられています。したがって、門松を立てていない家には、新しい年の神様がやってくることはありません。門松は、新しい年の神様を家へ招き、福を呼ぶという、とても縁起のよい風習なのです。なお、先祖が松で目を突いたとか、戦いに負けて年末に彼《か》の地へ落ち延びたため門松を立てる暇がなかったなどの言い伝えから、門松を立てることを風習としない家もあります。

さて、新しい年神様は年が明けるとともにやってこられますから、門松は暮れの前から用意しておきます。一般的には十二月十五日から二十八日の間に立て、二十九日に飾るのは「苦日飾《くんち》り」といって避けられ、三十一日の大晦日に飾るのは「一夜飾《いちやかざ》り」といって縁起が悪いものとされています。

「門松なんて風習を守ったところで、ご利益はない」とお考えの方もいることでしょうが、昔から続いている伝統とは、多くの先達《せんだつ》が送られてきた生活の中からにじみ出たものであって、そこには祖先の心や魂が宿っています。非合理的だからといってたやすく風習をやめてしまうのはいかがなものかと思うのです。

■鏡餅は年神様の「依代」

正月になると神棚や玄関などに二つ重ねの真っ白い「鏡餅《かがみもち》」を飾ります。いまでは臼《うす》と杵《きね》を用いて家族の皆で餅つきをする家も少なくなりましたが、地方へ行くと鏡餅だけはきちんとお手製でつきあげている家庭を見ることもあります。

この鏡餅も、門松と同じく、新しい年神様の魂を宿らせるためのものです。場所によっては餅と餅の間に稲穂《いなほ》をはさんだり、紅白の紙垂《しで》を垂らしたりするところもありますが、それは鏡餅が年神様の「依代」として捉《とら》えられていることによります。

鏡餅の上に橙《だいだい》をのせたり、干し柿、ゆずりは、昆布《こんぶ》といった縁起物で飾ったりします。餅の上に橙をのせるのは、家が「代々《だいだい》」繁栄するようにとの願いを込め、ゆずりはも代々家系がつながってゆくという縁起物です。昆布で飾るのは家に「喜《よろこ》ぶ」ことが絶えないようにとの縁起をかついだものです。

鏡餅も、二十九日に飾ることを「くもち」、大晦日に飾ることを「一夜餅」といって、これらの日に餅をついたりお飾りをしたりすることは縁起が悪いこととされています。

■雑煮を食べて神様に感謝し家族が一つになる

元旦の朝に食べるお雑煮《ぞうに》には、新しい年を無事に迎えることができたことを新しい年の神様に感謝するという意味があります。その年が運の開けるよい年であるようにと願ってのことです。

新しい年神様の魂が宿っている餅や野菜を一つの鍋で煮、神様と一緒に家族が皆で食べるのです。

ですから、小さい子どもやお年寄りにも雑煮が食べやすくなるように、餅を小さく切ってあげるなどの配慮が必要です。家族の中で雑煮を食べられない人が出ないようにし、「家族の和」を大切にすることが重要といえます。

家族の全員が同じものを食べるということが、家族を一つにする大切な行ないであり、同じ魂を持った本当の縁者《えんじゃ》になるのです。

年賀状　お祝いの言葉をいち早く伝えるために

■年賀状は「年始の挨拶」の代わり

新年の祝いの書状のことを「年賀状」といいます。平安時代から明治時代のはじめまで、正月には一日から十五日までに、両親、親戚、友人、近隣の人びとに年始の挨拶《あいさつ》をする慣習がありました。これが郵便に取って代わるようになり、年賀状という形になりました。

その年賀状は一枚の葉書でありますが、そこには自ら足を運んで挨拶するのと同じ真心が込められているのです。

年賀状は何といっても元日の朝に相手のもとへ届くように送るのが、縁起がよいことになります。現在では、送りたい相手の住む地域にもよりますが、遅くとも十二月二十五日までにポストへ投函《とうかん》すれば元日に届くようです。

昔から日本人は新しい年を迎えたらなるだけ早く賀詞《がし》を述べるようにしてきました。賀詞を述べるのが早ければ早いほど縁起がよいとされてきたからです。

除夜《じょや》の鐘が鳴り出したら氏神様のもとへ初詣のために出掛ける人がいまだに多いのも、

日本に古くから伝わってきたそのような思いが根付いている証拠でしょう。このような心は年賀状を年が明けたらいち早く届けたいという思いにつながっているのです。

年賀状は十二月十五日から受付がはじまります。できるだけ早く相手のもとへ年賀状を届けるには、名簿や名刺などの整理を常日頃からしておくことが大切でしょう。

そして、年賀状を縁起のよいものとするには、宛名やあいさつの言葉を書き間違いのないよう緊張感が必要となります。

新年にはじめてあなたからの言葉が届くわけですから、名前が間違っていたりしたら失礼なことであり、むしろ年賀状を出さない方がよいくらいです。少しくらい間違えていたってもいいやと、二重線や修正液で直したとしても、相手には誠意のないことが丸わかりです。そのようなことでは縁起がよくなるはずがありません。

なお、年内に身内の者が亡くなった場合は、十二月上旬までに喪中《もちゅう》の旨《むね》を伝えるようにしましょう。もしも年明けに相手へ喪中の挨拶状が届くようになっては縁起でもないことになります。

神前結婚式と神葬祭　神様とともに行なわれる二つの儀式

■神前結婚式・神からの祝福を受け幸せに暮らす

結婚式には、神前、仏前、キリスト教式の三つがあります。日本における結婚の起源は、神話によると、イザナキとイザナミの男女の二柱の神様が結婚したことにあります。

また、歴史的にはその時代ごとに形式を変えております。平安時代は男性が女性のもとへ通う「婿入《むこい》り婚」が一般的でしたし、江戸時代は「祝言《しゅうげん》」といって、床の間に鶴と亀の置物などを飾り、その前で盃《さかずき》を交わすことが行なわれていました。

神職《しんしょく》が立ち会い、厳《おごそ》かな雰囲気の中で執り行なわれる現在のような神前結婚式がはじまったのは、実は明治時代になってからです。

明治三十三（一九〇〇）年五月、嘉仁親王《よしひとしんのう》（後の大正天皇）と九条節子《くじょうさだこ》姫（後の貞明《ていめい》皇后《こうごう》）の婚儀が、皇居《こうきょ》の吹上御苑《ふきあげぎょえん》の宮中三殿の一つである賢所《かしこどころ》で行なわれましたが、このご婚礼の式次第がもととなり、現在の東京大神宮《とうきょうだいじんぐう》である日比谷《ひびや》大神宮で神前模擬《もぎ》結婚式がその翌年に開かれました。これをきっかけとして、神前結婚式は世の中に広まっていったのです。

神前結婚式では、はじめに新郎新婦や参列者がお祓いを受け、結婚式の祝詞《のりと》をとなえて神様に二人が結婚することを奉告《ほうこく》するのです。そして、三三九度《さんさんくど》（正式には「三献《さんこん》の儀《ぎ》」という）の盃《さかずき》を交わし、神前へ玉串《たまぐし》を捧げて、最後に両家の親族がお神酒《みき》をいただいて親族間の固めとします。このように、神前結婚式では神様のみ前で永遠の愛を誓って、神様から祝福を受けるのです。

近年は媒酌人《ばいしゃくにん》（仲人《なこうど》）を立てない結婚式が増えています。このことはわが国の伝統的な結婚のしきたりから見ると、異例のことです。

信頼できる人に媒酌人をお願いすることで二人の仲立ちをしてもらうとともに、結婚後の生活においても二人を正しい方向へ導くのが媒酌人の役目でした。

いまや、結婚した三組に一組が離婚しているというデータもあるように、離婚は日常的なことになっています。そんな世の中だからこそ、もう一度媒酌人の役割を考え直してもよい時期にきていると思えます。

しきたりや作法は、ちょっと見、堅苦しくて形式ばったものに思えるかもしれませんが、長い歴史の中で培《つちか》われてきたものでもあり、そこにはたくさんの知恵や経験が含まれていると見るべきでしょう。

■神葬祭・人は死ぬと鎮守の森へかえり神となる

神道式の葬儀を「神葬祭《しんそうさい》」といいます。

神道においては、「死」を穢《けが》れとして扱う傾向が強く、葬儀は神職であっても仏式で行なう習慣が根づいていました。

しかし、室町時代以降、神道の家柄である吉田家《よしだけ》によって神葬祭の研究が進められ、江戸時代に吉田家による「神道裁許状《さいきょじょう》」（室町時代以降に吉田家が各地の神社の神職たちに発給した神道伝授許状類）を受けた神職が、檀家《だんか》（寺に属し、布施《ふせ》をする家または信者）を切り離し、幕府から神葬祭を行なう許可を得たといいます。

幕末から明治時代初期にかけては、神仏分離令《しんぶつぶんりれい》の影響もあって、神道式の葬儀を求める動きが活発になり、明治五（一八七二）年以降は広く認められるようになりました。

葬儀のとき、仏教ではお経《きょう》をあげますが、神道では故人の業績や足跡などを称えた「誄詞《るいし》」をとなえます。また、焼香《しょうこう》ではなく玉串を捧げて拝礼するのも神道式の葬儀の特徴です。

神葬祭では神社参拝の作法と同様、「二拝二拍手一拝」を行ないますが、二拍手は音を立てないようにします。これを「忍《しの》び手《で》」と呼びます。参列者が持参する香典《こうでん》は、神葬祭では「玉串料」とか「お榊料《さかきりょう》」といっています。

神道では、故人の「み霊《たま》（魂）」は鎮守《ちんじゅ》の森へかえり、神様になるともいわれています。鎮守の森とは、すなわち氏神様のことで、故人は子孫を守る神様となって新たな役目をはたすことになるのです。

人が亡くなり、故人を神葬祭でお送りするということは、引いてはみ霊の鎮まる鎮守の森や氏神様を拝むということにもつながります。

神葬祭では、仏式の通夜《つや》にあたるのが「通夜祭」「移霊祭」であり、告別式《こくべつしき》にあたるのが「葬場祭《そうじょうさい》」であり、埋葬後に霊前に奉告する「帰家祭《きかさい》」などがあります。

仏式では亡くなった人は死後四十九日後に仏のもとへ向かうとされているので、四十九日目に僧侶を呼んで「四十九日法要」を行なうわけですが、神道式では死後五十日が経つと「神上《かみあ》がる」といって、「五十日祭」が執り行なわれ、一連の儀式は終了します。

ちなみに、慶応《けいおう》三（一八六七）年に暗殺された坂本龍馬《さかもとりょうま》の葬儀も神葬祭によって執り行なわれています。つまり、龍馬は現在では「祭神《さいじん》」ということになるわけです。

第四章

「商売繁盛」のしきたり

——なぜ家を建てるときに地鎮祭をするのか

『商売繁盛』神道における原則とは

■「仕事は一人でするものではない」と心得ること

日本人はよく働きます。「失われた二十年」などといわれて、経済大国のトップの座を他国に譲り渡してしまいましたが、それでも今日の日本が世界有数の経済大国であり続けているのは、これまで国民が一所懸命に働いてきた賜物《たまもの》であると思います。

「アキナイ（商い）」という言葉は、罪をあがなう意味の「アガナイ（贖い）」という言葉と語源が同じともいわれています。

贖いとは、いうまでもなく、自分の犯した罪滅ぼしのために金や物を出し、懸命に働くということです。

金儲けをしようとすれば、かえってお金は出ていくばかりで、入ってくるのは少なくなります。自分の持ち前の力や、金銭、知識などを精一杯尽くすことが、自分のためにもなり、人のためにもなるというものでしょう。

仕事は一人でするものではありません。

仲間があり、相手があります。その周りには社会があります。「一所懸命」というのは、その文字が示しているように、「一所に命を懸《か》けてやる」ということで、その「一所」とは皆さんそれぞれの仕事を指しています。

さらにいえば、社会の中の自分の地位が一所懸命の「所」の意味で、その地位に命を懸けてやり通すことです。

そのことがそのまま「商運」を開くことにもなり、引いてはそれが社会全体をよくしていくことにもつながるのです。

このように、自分に与えられた地位に力を尽くすことが、そのまま「神の道」を歩むことにもなります。「神の道」と「人の道」とは別々のものでありますが、一所懸命という行ないを通して、わたしたちは神と一体となることができるのです。

相手を立てる中におのずと自分も生かされて、ともに進むという共存共栄の世の中となり、これが本当の「商売繁盛」なのです。

自分のお店だけを繁盛させるということではなく、商店街全体が繁盛する中に自分の店もおのずと栄えていくという方法なのです。

十一月二十三日は「勤労感謝の日」です。働くことを尊《とうと》ぶのは縁起のよいことです。勤労感謝の日が制定されたのは昭和二十三（一九四八）年ですが、働くことは神聖で尊いという思想は農業がはじまったときから見られます。実は、十一月二十三日は、以前は「新嘗祭《にいなめさい》」の日でありました。新嘗祭とは、新しく収穫した稲穂を神様に捧げて感謝する日のことです。

長いデフレの経済状況の中、日本人は働いても働いても給料が上がらず、反比例するように物価が上昇していることから、暮らしは苦しいままなのが現状です。

しかし、働くことができる喜びと、働くことの尊さに感謝すれば、運は開けていきます。

いつも不満を口にしている人にはよい仕事ができるはずがありませんし、いい人が集まってくることもないからです。自分だけがよくなろうとする人にも、運が開くことはありません。

職業神 経験から生まれた「神様のご利益分担」

■日本人が経験から得た考え方

同じ職業に従事していますと、互いに親しみが涌《わ》いてきて、同業者同士で集団を組織するようになります。これを「職業集団」といっています。

やがて同業者たちは、その職業が順調でありますようにと、集団で神様へ参拝して、ご加護《かご》を求めるようになります。

同業者同士がそろって神様へ参拝することには、さまざまな意味合いが含まれていますが、第一は職業が順調に栄えていきますようにとの願いです。そのような願いは誰もが同じですから、神前において皆が心を一つにすることができます。

また参拝の後では、必ず直会《なおらい》が行なわれます。これは神様へお供えしたお神酒《みき》や神饌《しんせん》を下げてきて、参拝者たちが一堂に会し、ともに飲んだり食べたりすることです。

直会により、参拝者たちは神様から恩頼《みたまのふゆ》を受けることになります。恩頼とは、神様がお守りくださる大きな霊力という意味です。

また、同業者同士においても、知らず知らずのうちに互いに結び付き、支え合い、助け合うという心が深まっていくのです。

職業集団の場合では、その職業をお守りくださる神様に参拝することが大切です。その理由は、たとえば、火の神様（神話では迦具土神《かぐつちのかみ》。民間では荒神《こうじん》、竈の神《かまどのかみ》など）は火に関することをつかさどっていますが、水のことには責任を持っておられないからです。

わが国は「八百万神《やおよろずのかみ》」といわれるように、数多くの神様がそれぞれにご利益《りやく》を分担しています。

山の神様（神話では大山津見神《おおやまつみのかみ》、木花之佐久夜毘売《このはなのさくやびめ》など）は山のことを、海の神様（神話では大綿津見神《おおわたつみのかみ》）は海のことを担当しておられます。ですから、海の神様に山に関することをお願いしても、叶えてくださるはずがありません。

神様に対するこのような考え方は、理屈から生まれたものではなく、日本人の長い生活の中で経験して得たものなのです。

それぞれの職業には、その職業を守護してくれる神様、すなわち「職業神」がおります。それは職業の数だけおられるといっても過言ではないでしょう。

農業の神様、林業の神様、漁業の神様、商業の神様、大工の神様、鍛冶屋《かじや》の神様、酒造りの神様、芸能の神様など、数え切れないほどの神様がおられます。

また、七福神《しちふくじん》のメンバーとしても人気がある恵比寿様《えびすさま》は、右手に釣竿を持ち、左手に鯛を抱えてニコニコした顔をしていますから、これは釣りをしている漁民の姿であり、漁業の神様であることがわかります。そして米俵《こめだわら》の上にのり、福袋《ふくぶくろ》と打出《うちで》の小槌《こづち》を持った大《だい》黒様《こくさま》は農耕の神様であることがわかります。

時代が移り変わり、さまざまな職業が生まれてくると、人気のある稲荷《いなり》の神様、恵比寿の神様などは、さまざまな職業集団に迎えられ、ときには商売の神様、食べ物の神様、福の神様などとしても信仰されることになりました。

皆さんにも、自分の職業を守ってくださる神様がどのような神様なのか、知っておいていただきたいと思います。

仕事始め 「資生産業是神業」という考え方

■わたしが参加したある町工場の「仕事始め式」

官公庁の年末年始の休暇は、法律により例年十二月二十九日から一月三日までと定められています。ですから、その年の仕事は十二月二十八日に終わり、この日が「御用納《ごようおさ》め」となります。また、休暇が明けて新年の仕事をはじめる一月四日が「御用始《はじ》め」です。

ただし、「御用納め」「御用始め」が土曜ないし日曜である場合、「御用納め」は十二月二十八日の直前の金曜に、また「御用始め」は一月四日の直後の月曜にずらすと、これも法律で定められています。

民間企業の年末年始の休暇もおおよそは官公庁に準じていますが、名称は「仕事納め」「仕事始め」という場合が多いようです。東京証券取引所などでは「大納会《だいのうかい》」「大発会《だいはっかい》」といっています。また、全国各地の消防団では一月六日に「消防出初《でぞ》め式」を行ないます。これも「仕事始め」の一種といえます。

このように「仕事始め」といってもさまざまな形態があり、名称もそれぞれ異なっていますが、いずれの場合にも共通しているのは、「新年が平穏で豊かな年になりますように」との願いであります。

東京証券取引所の「大発会」では、若い女性が艶《あで》やかな晴れ着姿で参加するのが恒例となっていますが、このことから「仕事始め」は正月儀式の一つであることがわかります。したがって、「仕事始め式」と呼ぶのが適切かと思います。

「仕事始め式」の根底には「資生産業是神業《しせいさんぎょうこれかみわざ》」という思想があるように思います。平たくいえば、「わたしたちの仕事は神様のなさる仕事と同じである」ということです。

農民の「農耕始め」では、田畑を耕すという農耕儀礼を執《と》り行なうことが見られます。儀礼は神様と交流するための伝統的な宗教行為です。正月ないし二月に、神社の拝殿《はいでん》などで「御田植え祭り《おたうえまつり》」を行なうところも見られます。

それらを見ると、代掻《しろか》きや田植えの所作《しょさ》が演じられています。これは、その年の稲の豊作を予祝《よしゅく》（前祝い）する意味があるのです。それとともに、稲作は神様のなさる神聖なお仕事であるとの考えも含まれているのです。いうまでもなく、現代社会の産業は農業だけではなく複雑多岐にわたっています。しかし、「仕事始め式」は小さな会社や工場でも必ず行なわれております。

数年前の一月五日、わたしは知人が経営する町工場の「仕事始め式」に招待されました。社長を含めて五人という規模の、小さな町工場ですが、作業場の中央に設けられた神棚《かみだな》は大きく威厳がありました。

開式に先立ち、社長を先頭に皆がそろって「二《に》拝《はい》二《に》拍手《はくしゅ》一《いっ》拝《ぱい》」の作法で神棚を参拝しました。五人の拍手を打つ音が一つに聞こえました。そのことで皆が同じ心であることがわかりました。

式は社長の新年の挨拶からはじまりました。そこでは新年の方針や目標が述べられ、続いて昨年、とくに努力した工員を称えて表彰が行なわれました。このような表彰は、皆を今年の目標へ向かわせる上でとても効果的だと思いました。

式が終わり、神棚から下ろしてきたお神酒で直会がはじまり、社長の要望によりわたしが乾杯の音頭を取りました。ともにお神酒をいただくことにより、互いに連帯感が強まったと実感いたしました。

これが、ある町工場の「仕事始め式」のありようです。「仕事始め」の持つ意味の重要さがおわかりになるかと思います。

地鎮祭　土地の神様を祭り、霊を鎮める神事

■地鎮祭の行ない方

家を新築したり、新たにビルを建築したりするとき、本格的な工事を行なうに先立ち、執り行なわれるのが「地鎮祭《じちんさい》」です。地鎮祭は「地祭《じまつり》」「鎮地祭《ちんじさい》」「鎮祭《ちんさい》」などとも呼ばれ、古くから行なわれている神事です。土地の神様を祭ることで、その土地の霊を鎮《しず》めるとともに、工事に従事する人びとが安全でありますようにと祈願するのです。

わたしが経験した地鎮祭の例で、次のような事例がありました。

それは、東京の練馬で、ある高等学校の教職員住宅を建築したときのことです。入居者に続々と不幸なことが起こりました。そのうちに、誰からともなく、地鎮祭をしなかったからだとか、仏滅《ぶつめつ》の日に棟上《むねあ》げをしたからではないかといった声があがりました。

知的で合理的なお考えの先生方も、地鎮祭や上棟祭《じょうとうさい》を無視することができなくなり、ついには神社へ相談に見えました。わたしは歴史と伝統にしたがって、清祓《きよはらい》という神事を行ないました。

地鎮祭は、地元の氏神社《うじがみしゃ》の神主《かんぬし》さんにお願いするのがもっともよい方法です。家やビルを建てる敷地の中央を選び、その四隅に葉付きの竹を四本立てます。この神聖な竹を「忌《いみ》竹《だけ》」といいます。それぞれの竹にはしめ縄をめぐらし、中央に設けた神籬案《ひもろぎあん》（机）に神籬（祭壇）を立てて、案にはお神酒、洗米、海産物、塩、野菜などを供え、さらに祭場に砂を盛ります。これを盛砂《もりずな》といいます。

神籬を立てるのは、土地の神様である産土神《うぶすながみ》または大地主神《おおとこぬしのかみ》をそこに降臨していただき、その土地の守護を祈るためです。

地鎮祭の式次第はおおよそ以下のようになります。①修祓《しゅばつ》、②降神《こうしん》、③献饌《けんせん》、④祝詞奏《のりとそう》上《じょう》、⑤切麻散米《きりぬささんまい》、⑥鍬入《くわい》れ（手斧始《ちょうなはじめ》）、⑦鎮物埋納《しずめものまいのう》、⑧玉串奉奠《たまぐしほうてん》、⑨撤饌《てっせん》（神饌《しんせん》をおろす）、⑩昇神《しょうしん》、⑪直会《なおらい》。

⑥の鍬入れは、施主、設計者、棟梁《とうりょう》の順に、盛砂に三回ずつ鍬を入れます。⑧の玉串奉奠は、施主、家族、設計者、棟梁、鳶《とび》職の順に玉串を捧げ、二拝二拍手一拝の作法で参拝します。神社の拝殿で行なう作法と同様の祭式をここでもするわけです。⑪の直会は、参列者が全員で神様に供えたお神酒で乾杯することです。これで地鎮祭は終了します。

『日本書紀《にほんしょき》』の持統《じとう》天皇五（六九一）年十月の条によると、天智《てんじ》天皇の第二皇女で天武《てんむ》天皇の皇后《こうごう》である持統天皇が、藤原京を造営するにあたって「新益都《しんやくのみやこ》」(藤原京のこと)を鎮め祭ったとあります。これが地鎮祭の古い記事とされています。なお、地鎮祭は「とこしずめのまつり」とも称します。

また、「上棟祭」は「建前《たてまえ》」とも呼ばれる神事です。

建築工事が進み、家の柱や梁《はり》などを組み立てた後、棟上げを祝います。上棟祭は地鎮祭と同様、地元の神主さんにお願いして「お祓《はら》え」をしてもらいます。ただし、棟梁を中心として工事関係者や職人たちによって行なわれる場合もあります。

それでは、なぜ上棟祭をするのでしょうか。ご存じのように、日本の建物は木でできているものが多く、棟持ち柱を立てて棟木をあげ、そこから垂木《たるき》(屋根板を支えるために棟木から架け渡す長い材)を葺《ふ》き下して建築していきます。

つまり、棟木がのったということは、家を建てる上においてはとても重要な意味を持つことになるのです。

なお、上棟祭では、神事の後に棟梁は職人たちを労《ねぎら》うための酒宴を設けることを忘れないでほしいものです。

神棚　家や店のどこに祭ればいいのか

■なぜ神棚を設ける必要があるのか

昔はどの家にも神棚《かみだな》が祭られていました。なぜなら、神棚は日常の精神生活を支える上で大切なものであったからです。

人は朝起きると、「今日一日、無事に過ごすことができますように」とお祈りし、夕方には再び神棚の前でお祈りを捧げていました。

ところが、最近ではマンション暮らしの方も多いことから、「神棚をどこに祭ったらよいのかわからない」と悩んでいる方も少なくないようです。では、一般的な神棚の設け方はどのようにすればよいのでしょうか。

神棚を設ける場所は、清浄で静かな、高いところを選びたいものです。家や店舗などの場合は、棚やタンスの上でいいでしょう。

神棚は毎日お供え物をしたり、拝《おが》んだりするものですので、神棚を見下ろすような低い位置は避けるべきです。

神棚の向きは、南向きか東向きにするのがよいとされます。すなわち神棚が、太陽が昇ってくる方向に向けられているのが最良だというわけです。

ただし、部屋や店舗の都合もありますので、方位に関してはあまりこだわる必要はありません。風通しがよく、日差しが入る場所で、神様から家の中がよく見渡せる場所を選べばよいのです。

新築や引越しなどで新しく神棚を設ける場合は、家の近くの氏神様の神主さんにお願いしてお祓いをしてもらいます。

神棚は、宮形の前の左右に榊《さかき》や灯明具《とうみょうぐ》を立て、正面には神鏡《しんきょう》を据えて、その前にお供《そな》え物《もの》をしてお祭りします。

神棚に榊をお供えするのは、榊が常緑樹《じょうりょくじゅ》であり、その文字からもわかるように「神に供える神聖な木」を意味しているからです。また、灯明は「清浄《しょうじょう》の火」をあらわしています。そして、神鏡を安置するのは、神前で拝むおのれの心をそこに映すことによって、自分の心を見るように努めるためです。

毎日のお供え物は、中央に洗米（または飯）、向かって左に水、向かって右に塩を置きます。これらの三品は欠かさないことが望ましいです。毎月の一日と十五日、その家の行事のある日などは、海の幸《さち》や山の幸をお供えするとよいでしょう。昔は「初物《はつもの》」といって、その年のいちばん最初に収穫した稲や、その季節にはじめてできた野菜や果物を神棚にお供えしていたものです。

神棚に「お神札《ふだ》」を納める順序は、神棚の大きさにより異なりますが、一社造《いっしゃづく》りの場合は、いちばん手前に大神宮《だいじんぐう》さま（伊勢《いせ》神宮）のお神札（神宮大麻《たいま》）を、その後ろに氏神様のお神札を納めます（その他、たとえば各地へ出掛けて参拝した神社で受けてきたお神札は、氏神様の後ろに置きます。三社造《さんしゃづく》りの場合は、中央に神宮大麻、向かって右に氏神様、左にその他の神様のお神札を納めます）。

また、年の暮れには、神棚の神様やその他の家の神様が一年間、家や家族、商売をお守りしてくださったことに感謝する意味で、神棚をはじめ、それぞれの神様が祭られている場所を清掃いたします。

そして、新しいお神札を祭り、古くなったお神札は粗末にならないように氏神社へ納めに行きましょう。

なお、神社の境内《けいだい》にはそのための古札納所《こさつのうしょ》を設けているところもあります。それらの古いお神札やお守りを神社では祓い清めて、さらに浄火によって焼却します。これを「お焚《た》き上げ」と呼びます。

では、なぜ家や店舗の中に神棚を設けるのでしょうか。

それは、家や店舗の繁栄と、そこで生活する人びとの平和と健康を祈るとともに、神様に感謝を捧げる場所を設けるためです。一つの屋根の下で暮らす家族の一人ひとりの心を一つに合わせる手段として、神棚へ毎朝毎夕、一家の主人を中心にして家族そろってお参りするのが理想です。それがすべての過《あやま》ちや間違いを起こさせないようにするもっとも基本的なことなのです。

そのようにすることにより、おのずと親は子を愛し、子は親を尊敬するという家庭の平和が育《はぐく》まれていくのです。

神棚が家庭の中で精神生活の上で重要な役目をはたしていることを、今一度心静かに考えてみることが大切であると思います。

『家の神』火の神、水の神、竈の神の祭り方

■福の神はよく働いている人のもとへやってくる

わたしたちが毎日過ごしている家の中には、それぞれに神様がおられます。神棚に祭られている神様をはじめ、火の神、竈《かまど》の神、トイレの神、水の神、玄関の神、さらには恵比《えび》寿様《すさま》や大黒様《だいこくさま》のような福の神などです。

ところによっては、家の敷地内に祠《ほこら》を設けて、そこに稲荷《いなり》の神を祭っている家もあります。地方によってはその地方独特の家の神様がおり、東北地方では家の繁栄をつかさどる座敷童《ざしきわらし》やオシラサマが有名です。

家を守る神様として大切なのは、火の神様と竈の神様です。これらの神様は台所に祭られていますが、火や竈というのは古くから家の中心に置かれ、いわば家の象徴であります。昔は分家することを「竈をわける」ともいっていました。

また、竈の神様は後になると仏教にも取り入れられて「荒神様《こうじんさま》」として崇《あが》められるようになります。荒神は民間信仰の神（民俗神）としても流行し、火の神様の他、牛馬《ぎゅうば》の守

り神様としても信仰されました。多くの人は台所の竈の上の方に荒神棚を設けてそこに祭り、竈や炉の近くの力柱《ちからばしら》（荒神柱）に荒神様のお札を貼り、ご利益《りやく》が得られるようにしていました。

このように、日本においては家の中のいたるところにさまざまな神様がいて、役割を分かち合いながら家を守っています。

つまり、神道《しんとう》においては「すべてのことを守ってくれる絶対的な神はいない」ということになります。

さまざまな家の神様の中で、皆さんがよくご存じなのが恵比寿様と大黒様でしょう。

この二柱については、以下のような昔話が伝わっています。

昔、あるところに働き者のおじいさんとおばあさんが住んでいました。おじいさんとおばあさんの家は貧しかったのですが、二人は朝から晩までよく働き、神様へのお参りも欠かすことはありませんでした。

一方、働き者の二人の隣には怠《なま》け者《もの》のおじいさんとおばあさんが住んでいました。この怠け者の夫婦はお金に困ることはなかったので、働かなくともよかったのです。だから、神様にお参りすることも必要ないと考えていました。

ある日のこと、働き者のおじいさんとおばあさんは家の屋根裏で物音を耳にします。恐る恐る屋根裏をのぞいてみると、そこにはなんと福の神様がおられました。福の神様は、裕福なことにあぐらをかいて自分を大切に思ってくれない隣の家から、働き者のおじいさんとおばあさんが住む家に移られてきたのでした。

このことを喜んだ二人は、福の神様を手厚くもてなし、お祭りしました。働き者の二人には、その後、幸福がもたらされました。

反対に、福の神様が出て行った隣の家のおじいさんとおばあさんは、その後、何をやってもうまくいかなくなったということです。

ここに登場する福の神様とは、恵比寿様と大黒様のことですが、重要なのはこの二柱が働き者に福をもたらしていること、また恵比寿様、大黒様も働いているお姿をしていることに注目してほしいのです。

裕福であっても一所懸命に働き、そして、家族で仲良く暮らすということが大切だということです。そして、日々、神様への感謝を忘れないことです。

【初午】お稲荷さんと縁を結ぶ大切な日

■「はじまりの日」の迎え方

わたしたちの先祖は、ことのほか「はじまりの日」を大切にしてきました。「はじまり」を重視する思想は、神話の時代からすでに見られます。日本の代表的な神話といえば「記紀《きき》（『古事記《こじき》』と『日本書紀《にほんしょき》』）神話」です。やや極端な言い方になりますが、記紀神話に記されているところは、この世の中に存在するすべてのことの「はじまり」であると思います。

天地開闢《てんちかいびゃく》（天と地が開けた、世界のはじめ）からはじまり、人間の生、死、結婚、離婚、また、山、川、草、木などの「はじまり」が語られています。

記紀神話は、ものごとの「はじまり」がとても重要だということを教えてくれています。

そのような「はじまり」の日は正月に集中していますが、実は二月にも見ることができます。

その代表的な一つが「初午《はつうま》」です。二月に入ってはじめての午の日を初午と呼んでいます。午は十二支《じゅうにし》の一つで、昔、日付には数字ではなく十二支が用いられていました。初午は毎年変わりますが、この日、全国各地の稲荷社や稲荷神社は朝から賑《にぎ》わいを見せ、そこで「初午祭」が開かれ、多くの人たちが「稲荷詣」をいたします。

もともと初午は農耕をはじめるに際して、稲をはじめ、野菜、果物などの農作物が今年も豊かに実ることをあらかじめ祝うための日でした。

しかし、今の世の中は農業だけではなく、商業、工業、漁業、運輸業、金融業、サービス業など、それこそ数えられないほど多くの産業があり、初午の日には、それらさまざまな業種の人たちが稲荷詣をしています。

これは稲荷が、広く産業の守護神として尊崇《そんすう》されていることの何よりの証《あかし》であるといえます。事実、稲荷の神は一般に「お稲荷さん」と呼ばれて親しまれ、各所に祭られております。あまり知られていない例を挙げますと、某大銀行の金庫の中に稲荷の神を祭っていたり、倉庫や蔵の中、あるいはデパートの屋上にも、小祠《しょうし》ですが稲荷の神を祭るところは少なくありません。

いささか歴史的なお話になりますが、初午の起源を調べてみると、それが京都の伏見《ふしみ》稲荷大社の縁起《えんぎ》と深い関係にあることがわかります。この伏見稲荷大社は全国各地に鎮座している稲荷社、稲荷神社の総本社にして、稲荷信仰の中心であります。この大社の起源を伝える根本資料は『山城国風土記《やましろのくにふどき》』逸文《いつぶん》に記されている「伊奈利社《いなりしゃ》」の縁起で、その内容はおおよそ次のようであります。

秦氏《はたし》の祖先である伊呂具秦公《いろぐはたのきみ》の家は、たいそう裕福でした。そのことを自慢して、伊呂具はおごり高ぶっていました。

ある日のこと、伊呂具が餅を的にして矢を射ったところ、その餅は白鳥になって飛び去り、山頂に降り立ちました。

すると不思議なことに、その地に「伊弥奈利《いねなり》」すなわち稲が生えてきました。このような出来事があり、その後、伊呂具の家運は傾きはじめました。伊呂具はこれまでの傲慢《ごうまん》な自分を深く反省し、稲が生えた地に「伊弥奈利」の神社を祭りました。

この「伊弥奈利」がやがて「伊奈利」と呼ばれるようになり、「伊奈利神社」という名前になりました。これは伏見稲荷大社のはじまりを伝える縁起です。

注目されるのは、その日が和銅《わどう》四(七一一)年二月の初午の日であったことです。これが初午のはじまりなのです。したがって、産業の守護神であるお稲荷さんと縁を結ぶには、初午の日が最適であり、たいへん縁起がよい日なのです。

■酉の市■ 縁起物の熊手で福をかき集める

■商売繁盛の神様と熊手

十一月に入り、酉《とり》の日になると、各地で「酉の市」が開かれます。別名「おとりさま」や「とりのまち」などと呼ばれています。「まち」は「祭り」の意であります。商売繁盛に縁起のよい祭礼として知られています。はじめの酉の日を「一の酉」、次の酉の日を「二の酉」、三番目の酉の日を「三の酉」といい、「三の酉」まである年は火事が多いといわれています。

この頃になると寒い日が続き、火を用いることが多くなることから、火の用心を促《うなが》すいましめとして生まれた言葉といえます。

酉の市で有名なのは鷲《おおとり》神社（大鳥《おおとり》神社）であり、御祭神《ごさいじん》は天日鷲命《あめのひわしのみこと》です。この神は『日本書紀』や『古語拾遺《こごしゅうい》』に登場し、忌部《いんべ》氏の祖神とされています。しかし、天日鷲命はお酉さまの神として民衆に親しまれており、商業繁栄の神として人気があります。

また、江戸の酉の市の発祥地は東京都足立区にある大鷲《おおとり》神社（花畑《はなはた》大鷲神社とも）であり、この神様は約六百年の歴史があるといわれています。かつてこのあたりは米の産地で、農家がたくさんあり、養鶏《ようけい》も盛んでした。そこで、神社の祭礼に鶏を奉納したり、境内に老鶏を放っていたようです。

酉の日には、縁起物である熊手《くまで》が威勢よく売られている光景を見ることができます。熊手は落ち葉をかき集める農具ですが、古くから縁起のよいものとして人びとに親しまれてきました。

それは、「かき集める」という農具の機能上、福をたくさんかき集めて、自分の周りに呼び寄せると信じられてきたからです。

熊手は「福熊手」「縁起熊手」「飾り熊手」などと呼ばれ、福を呼び込む「呪具《じゅぐ》」として人気があります。とくに客商売の店においては招き《まね》猫《ねこ》と同じく、お客さんを呼び込むための縁起物として店内に飾っている店も少なくありません。

酉の市で売られている熊手の中には一メートルを超える大きさのものもあり、お多福《たふく》の面《めん》、大福帳《だいふくちょう》、檜扇《ひおうぎ》といったさまざまな縁起物で飾り立てられています。

市で縁起物を売る側は「御祝儀《ごしゅうぎ》値段」といって、値をたいそうふっかけて売ります。これに対して買う側もその値を半分、三分の一、四分の一になるように掛け合うわけですが、うまく値切ることができれば熊手屋の「ま（負）けた、まけた」の声が聞けるかもしれません。

なお、昔、買う側は値切った分だけ御祝儀として置いてくるという粋《いき》な買い方をしていたようです。熊手を買いたいけれど、「いくらするのかわからない」「熊手屋にむりやり買わされたらどうしよう」といった不安を抱いている方は、まずは小ぶりの熊手からはじめてみてはいかがでしょうか。売れ筋は一万円から五万円のようで、熊手を買ったならば、皆に見えるように高く掲げて持ち帰りましょう。そして、翌年にはその熊手を納めにくるのです。

有名な酉の市の神社は、他にも長國寺《ちょうこくじ》（東京都台東区、浅草酉の市の発祥地）、花園《はなぞの》神社（東京都新宿区）、大國魂《おおくにたま》神社（東京都府中市）、そして横浜のお酉さまで知られる金刀《こと》比羅《ひら》大鷲《おおとり》神社（横浜市南区真金《まがね》町）などがあります。十一月の酉の日には、足を運んでみることをおすすめします。

終章

「神道」のしきたり

――なぜ神道を学ぶと幸せになれるのか

清く正しく美しく生きるのが神道の教え

■「すかっと」「さわやか」「さっぱり」と生きる

神道《しんとう》において、「幸福になる」にはどんなことが必要とされているのでしょうか。

それは、「清く正しく美しく生きること」です。

神道の世界では、このような幸福論が古くから伝統的に受け継がれており、何度もくりかえし説明されてきました。

さて、この「清く正しく美しく」とは、「清く」「正しく」「美しく」という三つの言葉にわけることができますが、三つがお互いに補完し合う関係にあります。「清く」は宗教的、「正しく」は道徳的、「美しく」は美術的な言葉であります。別の言葉でいいますと、「真」「善」「美」となり、これらの三つが一つになって心を合わせたところに「本当の幸せ」が成り立つものだと考えられてきたのです。

三つの言葉の中で神道においてもっとも大切なのが、いちばん最初の「清く」です。「清く」とは、「清浄で少しも濁《にご》りや穢《けが》れのないこと」を意味していますが、この言葉は「正しく」や「美しく」あることの根幹をなすものであります。

　つまり、心身が清くなければ、行為が正しくなることもありませんし、姿も美しく見えることはありません。

　要するに、「清い」ことは「正しい」「美しい」ものなのです。「清く」「正しく」「美しく」という三つの言葉がお互いに補完し合っているという意味は、このことにあります。

　たとえば、選挙のときなどに候補者は「清き一票」といって自分に票を入れてくれることを望みますが、「清き一票」とは、「正しい人に投票する」ということであります。

　その「正しい人」とは、善良であり、かつ出処進退《しゅっしょしんたい》の清潔な人のことです。生まれ故郷に生活に必要な橋を架け、道路を整備するなど、その土地の人びとに役立つことを多く行なう政治家であっても、お金にルーズで汚《きたな》い人は「正しい」人とはいえないのであり、そのような不正を行なう人に有権者の大切な一票を投じることになれば、その一票は穢れたものになり、社会に不幸を招く第一歩となるわけです。

　通俗的な言い方になりますが、「すかっと」「さわやか」「さっぱり」した気持ちを持つことが神道的なよい生き方となるのではないでしょうか。そのような生き方をすれば縁起《えんぎ》がよくなり、幸福を呼び寄せる結果になると思うのです。

神様の御恵みをいただきながら働く

■「お天道様に申し訳ないから働く」

人間はなぜ働くのでしょうか？　また、何のために働くのでしょうか？　このテーマで話を進めるために、わたしの祖父の労働観を話題にしてみます。

わたしは子供の頃から祖父を尊敬してきました。祖父は明治二（一八六九）年に生まれ、八十二歳で他界《たかい》するまで実によく働きました。その祖父が亡くなって六十余年の星霜《せいそう》が過ぎてしまいましたが、瞼《まぶた》を閉じると笑顔が浮かんできます。祖父はわたしの心の中に今も生きているのです。

西郷隆盛《さいごうたかもり》を尊敬していた祖父は、時々「敬天愛人《けいてんあいじん》」（天を敬《うやま》い、人を愛す）とか「人を相手とせず、天を相手とせよ」などという西郷の名言を口にしておりました。ここにいう「天」は、平たくいえば神様のことです。

祖父の神様は太陽すなわち「お天道様《てんとさま》」でありました。

わが家は代々農家で、庭の片隅に井戸がありました。祖父は早起きで、つるべで井戸の水をくみ上げて洗面をしていました。そして肩に手ぬぐいを置くと、昇ってくる朝日に向かって柏手《かしわで》（拍手《はくしゅ》）を打って拝《おが》んでいました。

六十五歳のとき、祖父はわたしの父に家長権《かちょうけん》を譲りました。その後、十余年が過ぎ、喜寿《きじゅ》のお祝いで皆が集まったときのこと。叔母たちが「おじいちゃん、もう七十七になったのだから、そんなに働かなくてもいいのでは……」というと、祖父は笑顔で「体が丈夫なうちは、働かないとお天道様に申し訳ない」と答えたのです。この祖父の言葉をわたしは今でもはっきりと覚えております。

ここで改めて「何のために働くのか」ということを考えてみると、祖父の場合は「お天道様に申し訳ないから働く」ということになります。前述したように、「お天道様」とは祖父の神様になりますから、「神様に申し訳ないから働く」とも言い換えられます。

働くことに対するこのような考えは、わたしの祖父だけが特別に持っていたものではありません。当時の日本人に一般的に見られたことであり、今も生きている日本人の伝統的な労働観念といえましょう。そこには働く目的がなく、働くことそれ自体が目的となっています。なお補足すると、元来、働くことは神様（お天道様）のなさる尊《とうと》い仕事であり、それを神様は自分に委《ゆだ》ねられたのであると考えているのです。

だから、働けるうちは働かないと、神様に申し訳が立たないということなのです。

■スーパーの大根に「お天道様」の御恵みを感じる

この「働かないとお天道様に申し訳ない」という言葉は、わたしが子どもの頃はよく耳にしたものですが、今では死語のようになってしまいました。

「お天道様」とは太陽を敬《うやま》い親しんだ語であり、そこには太陽を崇《あが》めている気持ちが見られます。だから昔の人びとは太陽に向かって柏手を打ったのです。柏手は神様を拝むときの作法ですから、ここでは自然物である太陽を拝んでいるのではなく、太陽のような神様を拝んでいることがわかります。その、太陽のような神様とは、伊勢神宮《いせじんぐう》の内宮《ないくう》に祀《まつ》られる、日本人の総氏神《そううじがみ》といわれる天照大御神《あまてらすおおみかみ》を指しています。天照大御神という神名の意味は「天空に照り輝く太陽のような大御神様」であり、この神名の中核になるのは「大御神」で、それは神様を敬称した呼び方です。

具体的には「もっとも尊い神様」ということになります。だから「天照大御神とは何か」といえば、それは「もっとも尊い神様」であるといえます。補足説明すれば、「お天道様」は太陽のように天地を支配し、すべてのことを見通《みとお》しておられます。「悪いことをすれば、お天道様はお見通しだ」とか、「お天道様に恥じない暮らしをしよう」などといったものです。わたしたちは「お天道様」のおかげを被《こうむ》って暮らしています。「お天道様」が守っている大きなお力がなければ、働くこともできないのです。ところが、そのことをすっかり忘れている人が多いように思います。

先日、スーパーマーケットに行きましたら、見事な大根が山積みになっていました。その脇に農家の若いご夫婦の写真が添えられてあり、「わたしたちが作った無農薬の大根です」と書いてありました。確かにお二人が苦労して栽培したのであり、頭の下がる思いがしました。ただ、忘れてならないのは、「お天道様」の御恵みがなかったならば、大根を育てることができなかったはずだということです。「お天道様」だけでなく、水神《すいじん》、土神《どじん》、風神《ふうじん》など、さまざまな神様の御恵みがなければ、このような見事な大根はできなかったでしょう。

わたしたち人間は、高慢《こうまん》を捨て、もう少し素直に神様の「み心」にしたがう気持ちが必要なのです。高慢になると、互いに睨《にら》み合うことになります。また、神様のみ心に対して敵対的となり、自分の意思が前面に押し出されて、ときにはうぬぼれ、他人を妬《ねた》み、冷酷で傲慢《ごうまん》な態度をとるようになってしまうのです。

「働くこと」と「清めること」の関係

■修行は清掃にはじまり清掃に終わる

「働くこと」と「清めること」は、一見したところあまり関係がないように思えますが、実はこれが大ありなのです。そのことを、わたしのささやかな体験から話してみたいと思います。

わたしは大学二年生のとき、神職《しんしょく》になろうと思って、東京の練馬区にある某神社の宮守《みやもり》として社務所《しゃむしょ》に住み込みました。大きな社務所でしたが、そこで独りで生活をいたしました。

その頃の日課は、おおよそ次のようでありました。

起床は五時です。鳥居《とりい》の側に手こぎの井戸があり、そこで洗面をすませ、拝殿《はいでん》の扉を開き、社殿内の清掃をいたします。それが終わると、神前で「大祓詞《おおはらえのことば》」をとなえます。

六時の時報とともに大太鼓を打ち鳴らし、その後は境内《けいだい》の清掃に取り掛かりますが、かなり広いので一人では大変でした。朝食は七時三十分です。神社から二〇〇メートルほど離れたところの宮司《ぐうじ》宅でいただきます。

朝食が終わると、当然のことながら食器を洗い、終わるとバス停まで駆け足です。急がないと、八時五十分からの大学の講義に間に合いません。講義が終わると、急いで神社まで帰ります。午後五時に、拝殿の扉を閉めなくてはならないからです。一年生までは、説話文学研究会で活動していましたが、宮守のためにやめました。

このように、わたしの神職の修行は、掃除にはじまり、掃除に終わるというものでした。一に掃除、二に掃除、三四がなくて五に掃除ということで、そのような掃除の行を十一年間させていただきました。

わたしの神職としての師匠はその神社の宮司様であり、当時すでに八十歳の御高齢でしたが、何も知らないわたしに、神職の行と学をはじめ、食事のマナーなども厳しく教えてくださいました。

その中で、今も心に残っているお祓《はら》いの詞がありますす。それは「一切成就《いっさいじょうじゅ》の祓い」といって、次のようなものです。

極《きわ》めて汚濁《きたな》きことも滞《たまり》なければ穢濁《きたな》きはあらじ、内外《うちと》の玉垣《たまがき》清《きよ》く浄《きよし》と申《もう》す宮司様の教えは具体的でした。

日曜には社務所を訪れることも多く、たとえば「君の部屋が汚いのではない、君が掃除をしないから汚いのだ。毎日掃除をすれば、汚いものはない。掃除が滞《とどこお》っているから汚れてしまうのだ」というように、頭の悪いわたしにもわかるように教えてくださいました。

■じっとして滞らず活動しよう

これは神職の修行だけでなく、すべてのことに共通しております。

自然界においても同じで、川は流れるから美しいのであり、流れが止まり、淀《よど》んでしまうと水は汚れてきます。コップの水も、最初はきれいですが、そのまま一か月も置けば濁《にご》りはじめ、ついにはボウフラがわきます。

そこで大切なのは「働き」であります。

仕事が滞る、家賃が滞る、交通が渋滞《じゅうたい》する、お金の支払いが溜《た》まる、これらを解消する方法は「働き」なのです。

現在の「働き」は、もっぱら仕事をして生活を立てることですが、古くは「働き」には「動く」という意味があります。

じっとして滞ることではなく、活動することです。

それは肉体にかぎらず、精神でも同じであります。失敗をいつまでも気にして、家に閉じこもってくよくよしていると、心が腐ってしまいます。

やはり、元気を出して、動き出すこと。

そうすれば、すべてが清められていくのです。

心身を「清める」ための効果的な行法の一つが「働き」です。全身全霊を「動かし」「働かす」ことにより、清々《すがすが》しい心身がよみがえります。

もともと心身は清浄なのですが、それを「動かす」「働かす」ことをしないでいるため、心身が腐ってしまうことになります。

心身は滞ることがなければ、常に「清浄」な状態であり続けます。それは毎日、洗面をするようなものであり、それほど難しいことではありません。

あることのために倦《う》まず弛《たゆ》まず働くこと、心身を動かすこと、これが「一切成就の祓い」の教えの根本だと思うのです。

「お祓い」でなぜ罪や穢れが清められるのか

■芦ノ湖で行なわれる「大祓形代流し神事」

「速佐須良比咩《はやさすらひめ》」という神様がおられます。この女神様《めがみさま》は、わたしたち人間が犯した罪や穢れを最後に引き受けてくださるのです。

この女神様はその名の通り、わたしたちの犯した罪を背負って、あてもなくあちこちをさすらい歩いて、なくしてしまうというありがたい女神様なのです。

「厄祓《やくばら》い」の「祓い」は、現在では一般的に「ハライ」と訓《よ》んでいますが、もともとは「ハラエ」と訓んでいたと考えられます。「ハライ」は「自力で祓う」という意味ですが、「ハラエ」とは「何か『物』、つまり『祓物《はらえつもの》』に罪や穢れ、厄《やく》い（災厄《さいやく》）をくっつけて罪をなくしてしまう」という意味になります。本書では両者を厳密に区別しておりませんが、いずれにせよ、「祓え」は、罪や穢れ、厄いを浄める神道的な行法であり、元来は生まれ変わるという意味でもあったようです。

「祓え」には「祓物」という、罪や穢れ、厄いをくっつける物が必要になってくるわけですが、その代表例の一つとして「人形《ひとがた》」があります。

いうなれば、さきほど述べた「さすらいの女神」である速佐須良比咩は、わたしたちの犯した罪や穢れ、厄いをその身に引き受けてからあてどもないさすらいの旅に出られるのであり、やがてそれらを失わせてくれるということですから、「人形」と同じであり、大《おお》祓 神事《はらいしんじ》に見られる「形代《かたしろ》」「人形」にあたります。

「祓え」の神事としてもっとも重要なものの一つが「大祓えの神事」です。この神事は、かつては六月と十二月の晦日《みそか》、親王以下、多くの役人たちが朱雀門《すざくもん》の前の広場に集まり、民たちの罪や穢れ、厄いを祓うという国家的な神事でした。六月の大祓いは「夏越《なごし》の祓え」、十二月の大祓いは「年越《としこし》の祓え」とも呼ばれています。大祓いの「大」には、「国家」や「公式」あるいは「天皇」といった意味が含まれています。

大祓いは現在でも宮中や各神社で行なわれています。中でも「東京都大祓形代流し連合会」によって執り行なわれている「大祓形代流し神事」が大規模なものです。この神事は箱根の芦ノ湖《あしのこ》上で行なわれているもので、「大祓詞」を読み上げた後、各神社から持ち寄った形代を真薦《まこも》（イネ科の草）の船に包んで湖へ流します。

かつて、わたしもこの大祓いの神事に参列したことがありますが、湖上に設けられた斎《さい》場《じょう》では、参列者一同による「大祓詞」がとなえられ、その声が大合唱となって湖上にこだまする風景は、ものすごい迫力がありました。

この、「形代を真薦に包まれた船の中に入れて流す」というところに、罪の子とされるヒルコが葦船《あしぶね》に乗せられて流されるという神話を思い起こします。そのヒルコの神は、中世になると蘇《よみがえ》って西宮《にしのみや》神社のえびす大神になっておりますので、形代を流すという神事には「復活」という意味も含まれているのではないかと思います。つまり、形代を入れる真薦は、ヒルコの入れられた葦船と同じように、蘇りのための「聖なる器」であると考えられるのです。

この大祓えの神事の例を見るまでもなく、「祓え」は単なる清めの神事ではなく、そこには新しい生命の蘇りを期待していることがわかります。

神様を畏《かしこ》む心を忘れることなく、また罪の深さを心の奥で自覚しているのであれば、神様は地獄《じごく》にも似た暗黒の根《ね》の国、底《そこ》の国で、わたしたちの苦しみを代わって受けられ、おのれが犠牲になられてもわたしたちを救ってくださるに違いありません。これが、「祓え」の本義なのです。

祝福の言葉を述べれば幸せが訪れる

■「口は災いのもと」の真意

古くから、日本のことを「言霊《ことだま》の幸《さきわ》ふ国」と申します。これは『万葉集《まんようしゅう》』に記されている日本の美称《びしょう》（ほめる意味を持つ言葉）で、「言葉の呪力《じゅりょく》によって幸福がもたらされている国」「言葉の霊力が幸福をもたらす国」という意味です。

祭祀《さいし》のときに神前《しんぜん》でとなえられる古い言葉である「祝詞《のりと》」がいい例です。祝詞の一種である祓詞《はらえことば》に「祓《はら》え給《たま》い、清《きよ》め給え」という言葉があります。人が口から言葉を発すると、その言葉には霊力《れいりょく》が宿ります。昔の人は、「言葉には魂が宿っている」と考えました。

逆にいえば、その、魂が宿っている言葉というものを口から発すると、その言葉が「発《はっ》動《どう》」して、やがて実現されると信じられてきました。これを言霊信仰といいます。つまり、言葉が「霊力を持って動き出す」というのです。たとえば、神様の「み前」で「稲が稔《みの》ってほしい」と祈願すると、その言葉が発動し、稲が稔ると信じられました。

言葉は一度、口から発してしまうと、発動をはじめます。ですから、言葉というのは慎重に話さなければなりませんし、口を慎《つつし》むことはとても重要なことです。「口は災《わざわ》いのもと」という格言はその通りなのであり、祝福の言葉を述べればその言葉が発動し、相手や自分に幸福が訪れる道が開かれることになります。

言葉が勝手に発動してしまうからといって、黙っているのもいけません。それでは何も動かないからです。

祝詞に関していえば、どこで上げてもよいというわけではなく、「祝詞座《のりとざ》」という神聖な場所においてしか述べてはいけません。そして、祝詞を上げるときは枉津日神《まがつひのかみ》と大直日神《おおなおひのかみ》という二神を必ず祭ります。

枉津日神は、祝詞を間違ってとなえたときにそれを指摘してくれる神様で、大直日神はその間違いをすぐ直してくれる神様です。枉津日神の「マガ」は曲がっていること、悪いことという意味です。「ツ」は助詞、「ヒ」は「霊力」を示しております。このことからも祝詞の間違いを教えてくれる神様であることが読み取れます。

このように、祝詞をはじめとする言葉というものは、慎重に、大切に発しなければならないということなのです。

「人の暮らし」は「神様の行ない」そのものである

■自分の命は自分だけのものではない

神道では、わたしたちの生命《いのち》は神の「依《よ》さし」であるという考え方が見られます。この「依さし」という語は現代語に訳するのはやや難しいところがあります。「依さし」は「依す」に尊敬の助動詞「す」が付いた語で、これを強《し》いて訳するならば「おまかせになる」という意味です。つまり、生命は元来、神様のものでありますが、神様はその生命をわたしたち人間におまかせになられたということで、そこには神様がわたしたち人間を本当に信頼されているということです。言い換えれば、神々の国で行なわれていることをわたしたちはこの地上でそのまま模倣《もほう》しているともいえます。

だからわたしたちは、どんな仕事であろうとも、どんな職業に就いたとしても、神様が自分たちにおまかせになっているのだという意識を持つことが大切なのです。

たとえば、農民が行なう稲作りは、もともとは神々の世界のものです。日本神話によれば、天照大御神《あまてらすおおみかみ》も須佐之男命《すさのおのみこと》も高天原《たかまのはら》で稲作りに従事されておられます。だから農夫が地上で行なっている稲作は、天照大御神が高天原でなされておられる稲作りを真似ているものといえます。それゆえ、稲作に一所懸命に働くことは尊《とうと》いことであり、そのまま神様の姿に近づくことになるわけです。

さきほど、神様は生命をわたしたち人間におまかせになったのだと述べましたが、それは「生命は神が人間に与えられたもの」ということとはまったく違っているということを留意しなければなりません。

もし、生命が神様から与えられたものであるならば、その生命は与えられた瞬間から人間のものになり、神様と人間との関係がそこで途切れてしまうことをも意味しているのです。しかし、生命は神様が人間に「おまかせになった」ものと理解すれば、神様と人間との関係はその後も続いていることになります。また、神様からまかされた生命を、人間はいつの日か神様へ返さなければなりません。そのときが、一般的にいう「死」なのです。

いま、「自分の生命は自分一人のものである」と勘違いをしている人が少なくないのではないでしょうか。だから、自分勝手に自殺したり、他人の生命を簡単に奪う事件が起こるのです。「生命は神様が人間におまかせになったもの」という神道の伝統的な生命観の意味を、再考するときがきているように思います。

「幸運」は正直者のもとにやってくる

■いつも「神様はお見通し」である

わたしたちが神を拝むときにもっとも大切なこととは、拝むことに「まことの心」があるかどうか、です。

この「まこと」は神道の基本的な教えであり、それを実践することが神道では大切であると考えられてきました。この、神道の根本的な教理（正統的な真理とされている宗教上の教え）を知るには、「まこと」の真意を理解することが不可欠なのです。

では、「まこと」とはいったいどのような考えなのでしょうか。この語は「マ」と「コト」から成っていることがわかります。このうちの「マ」は、漢字をあててみると「真・誠・信」などであり、「コト」は「事・言」の意であります。したがって、「まこと」とは「嘘や偽《いつわ》りのない真実のことば（ないし事柄）」という意味であることがわかります。

ちなみに、「真・誠・信」という漢字をもとにして「真実・純真」「誠実・誠意」「信頼・信用」などといった熟語が生まれています。これらは多くの人びとにとってたいそう縁起のよい言葉であります。

嘘や偽りがなく、真実に満たされた暮らしは、穏やかであり、安心できる平和なものでもあります。その反対の、うわべだけを飾って、心や行ないをあたかも正しいように見せかける偽善《ぎぜん》の暮らしは、とても不安定で落ち着きません。わたしたちが世界的に評価の高い名画や音楽などを素晴らしいと感じるのは、そこに「まこと」の心があるからでしょう。

さて、神社に祭られている神様を「祭神《さいじん》」といいます。

祭神は神霊《みたま》でありますので、肉眼では見ることができません。ですが、このように「目に見えないもの」を神道ではとても大切にしています。

いうまでもなく、神様のお姿は見えませんが、「神は見通し」といわれるように、わたしたちのどんな小さな行ないまでも見抜いておられ、偽ることができません。だからわたしたちは正直《しょうじき》に生きていかなければなりません。

神道ではこの正直ということをもっとも重視して、「正直の頭《こうべ》に神宿《かみやど》る」といっております。これは、神様は正直な人にご加護《かご》を与えるのであり、幸福は正直者のもとへやってくるという教えなのです。

また、「正直は一生の宝」ともいいます。誰も見ていないだろうと思って嘘をつき、悪いことをしたりすれば、必ず露見《ろけん》してしまうものです。つまり、神道では「まことの心」を持って生きることが何よりも大切なことなのです。

昔の人はよく、目に見えない神様を説明するのに、簾《すだれ》の内と外のたとえを用いました。神様は簾の内側、人間は簾の外側、つまり簾の内側にいる神様は暗いので、明るい外側にいる人間がよく見えますが、簾の外側の人間は暗い神様の方が見えないというのです。

このような説明は、カミ（神）の語源が「隠身《かくりみ》」にあるとする説の根拠の一つになっていると思います。

ですので、「明るくしなければよく見えない」という考えは、必ずしも正しいとはいえません。むしろその逆で、物事の真相をはっきりと見分けるには「心眼《しんがん》」で見ることが大切であり、そのためには暗い方が効果的だと思うのです。

心眼とは、「心の目」であり、「物事の真相を見分ける『こころ』の働き」です。その、こころの働きを目に見立てていった言葉です。たとえば、わたしたちは神様に祈るとき、目をじっと閉じます。その方がより深く祈ることができるからです。物事は暗い方がよく見えるというのは、このことからもわかります。

「心で見る」「心で読む」ということ

■『星の王子さま』と「心の目」

目を閉じると、見えるものが見えなくなります。しかし、目を閉じたまま深く静かに祈ると、心眼が開いてきます。心の目であり、その目により物事の真実の姿が見えてきます。

たとえば、電車の車両にはお年寄り、体の不自由な人、妊婦などのために設けられた優先席があります。ところが、そこには元気な若者や中年の人が座っており、その前にはお年寄りが立っています。その若者や中年には老人の姿は目に見えています。しかし、その人は「心の目」が病んでおりますので、お年寄りに席を譲ることができないのです。つまり、心の目の視力が低下しているということになります。

真実の言葉や本当に美しいものを理解するためには、「心で見る」とか「心で読む」、「心で聴く」ことが大切だと思います。しかし、人はこのような心をしばしば忘れてしまいます。しっかりと心で見、心で読み、心で聴くことができれば、「まこと」ということを理解できるようになるでしょう。

このように、「まこと」や「こころ」という目に見えないものを神道では大切にしてきました。そこで思い起こされるのが『星の王子さま』という童話です。広く知られているこの童話は、一九四三年、フランスの作家サン＝テグジュペリによって書かれました。

先日、町の図書館に行ってみると、この童話は子どもの閲覧室に置いてありました。はたして子どもたちはこのような物語を理解できるのだろうかと思いました。しかし、それはわたしの偏見《へんけん》であることがわかったのです。

というのも、本のはじめにレオン・ウェルト氏に捧げた献辞《けんじ》が置かれているのですが、その中にはこのように記してありました。

「おとなは、だれも、はじめは子どもだった（しかし、そのことを忘れずにいるおとなは、いくらもいない）」

わたしが、「子どもたちはこのような物語を理解できるのだろうか」と思ったのは、わたしが「子どもだった」頃を忘れてしまっていたからなのです。子どもが持っている「純粋な心」でこの物語を読めば、すんなりと理解することができるのです。

『星の王子さま』という童話は、「頭」ではなく「こころ」で読むことが大切となります。そして、そのことは、神道の古典である『古事記《こじき》』や『日本書紀《にほんしょき》』を読むときも同じです。本居宣長《もとおりのりなが》が『うひ山ぶみ』（寛政《かんせい》十〈一七九八〉年成立。国学の入門書として、研究の心がまえや態度をやさしく説いたもの）の中で、『古事記』と『日本書紀』の神代巻《じんだいかん》を「よくよみ見るべし」と記しているのも、彼が「心で読む」ことの重要さを述べたものと考えることができます。

このように、「心の目」で見なければ、物事の真実の姿をはっきりと見抜くことはできません。つまり、「心の働き」によって物事を見たり聴いたり考えたりすることがとても重要だということです。

『星の王子さま』の終盤近くには、このように書かれてあります。

「心で見なくちゃ、ものごとはよく見えないってことさ。かんじんなことは、目に見えないんだよ」

また、こうも記されています。

「たいせつなことはね、目に見えないんだよ」

このような言葉は「神」に通じるものでもあり、「まことの心」の一端を言い換えた言葉といえます。

「産む」よりも「育てる」

■雑草（悪）を取り除き稲（善）を育てる

神道とは、日本の風土から生まれた、日本だけが持っている民族宗教です。

日本人は古くから自然のいたるところに「神霊」を感得しながら生活してきました。日本に神様がたくさんおられるのは、そのような宇宙に存在するあらゆるものに神霊を感ずるという豊かな心によるものと思います。

このことから、神道とは「神々の道」とも言い換えることができます。このことを具体的に説明すると、「稲を植え、育てること」にも窺《うかが》うことができます。

日本の国を「豊葦原《とよあしはら》の瑞穂《みずほ》の国」といいます。葦が豊かに茂る国は稲もみずみずしく稔《みの》るという意味ですが、現実は自然現象のたいへん厳しい国であります。日本は稲作に適しているモンスーン地帯に属していますが、毎年、台風や豪雨に見舞われてきました。

その季節は、稲作にとって重要なときにあたります。たとえば、台風や豪雨が起こると、それまで二百余日という長い日時をかけて大切に育ててきた稲が一夜のうちになぎ倒され、収穫することができなくなってしまいます。つまり、稲の収穫は喜びを与えてくれる反面、育てる苦しみを味わう仕事でもあるわけです。

また、どんなに腕のよい農夫であっても、砂漠で稲を育てることはできません。それは、神道的に考えると、砂漠には万物《ばんぶつ》を生み出す「産霊《むすひ》」の神様の霊力が働いていないからで、そのため、稲だけではなく、ほとんどの植物が砂漠で生育することができないのです。

このことからいえるのは、稲が生育するところには産霊の神様の霊力が働いているということですが、これに対しては困ったことも起こります。それは、稲の生育を妨げる雑草（莠《はぐさ》）も同時に生育させてしまうということです。雑草はそのままにしておくと稲を滅ぼしてしまいます。ですから、稲の生育を促すには「悪」である雑草を取り除かなければなりません。

このように、雑草という「悪」を取り除くことによって、「善」である稲はすくすくと生育していくのです。そして、この、「産む」ということだけではなく「育てる」ことにより、はじめて道は成立し、これが「神の道」となり、そのまま「人の道」となっているのです。

したがって、神道では、産霊の神のような「産む」ことを尊《とうと》ぶことはいうまでもありませんが、それよりも大切であると思ってきたのは「育てる」ことです。

すでに述べましたように、「産む」こと、すなわち産霊の神の力の働きがなければ「育てる」ことはできませんが、産むという点に関していえば、人間よりも動物の方がはるかにすぐれているのは明らかです。

人間が他の動物よりもすぐれているのは、「産む」より「育てる」ことに重点をおいてきたからです。

雑草という「悪」を取り除き、稲という「善」を育てるところに、はじめて道が立つのです。「神の道」を持っているからこそ、人間は人間らしく生きることができるのです。

これは、ものを増やすことよりも育てることの重要さを示しています。

なお、現在でも天皇陛下は吹上御苑《ふきあげぎょえん》内にある水田で稲を植えられ、秋には稲を刈り取っておられます。

これはまさに天照大御神が人びとに対して「お示《しめ》し」（示教《しきょう》・教示《きょうじ》）なさった神の道であります。それが陛下に継承され、さらに陛下は自ら稲作に従事されることで、それを百《ひゃく》姓《せい》（農民）に示しておられます。そのような意味のもとで、農民たちも稲作に従事してきたのです。このような稲作を一つ見ても、神の道と人の道が一体であることを知るのです。

いまこそ大切なのは「祈り」である

■「祈り」という言葉の本来の意味

そもそも「祈り」という言葉にはどんな意味があるのか、皆さんは考えたことがおありでしょうか。一般的に「祈り」とは、「神仏に加護《かご》や救済を請い願うこと」と説明されています。「神様、仏様、どうぞわたしをお守りください」などと願うことが祈りであるという理解です。

しかし、祈りの本来の意味はそうではないようです。

『古語辞典』（岩波書店）によると、「いのり」の「イ」は「イミ（斎・忌）・イクシ（斎串）などのイと同じく、神聖なものの意」とあり、「ノリ」は「ノリ（法）・ノリ（告）などと同根《どうこん》か。みだりに口にすべきでない言葉を口に出す意」と書かれてあります。

つまり、「いのり」は「神聖なこと」なので、「安易な気持ちで祈ってはいけない」という意味になります。「勝手気ままに、軽い気持ちで祈ってはいけない」ということです。

一方、「いのり」という言葉には幸福を願うようなよい意味だけではなく、「のろう」

「呪詛《じゅそ》する」といったような悪い意味も含まれています。

これは罪なことではありますが、長い歴史の中では実際にそのような祈りも見られ、それは現在にも生きておられます。たとえば、縁切り神社へ行くと、叶わない恋の相手の不幸を祈る言葉が書かれた絵馬を見ることができます。まことに嘆《なげ》かわしいことです。

このような罪は、古くは「大祓詞」に「畜仆し蠱物為る罪《けものたおしまじものするつみ》」などと見えます。この蠱物とは、「他人に不幸なことが起こるようにと祈ること」で、つまりは「憎く思う人に災《さい》禍《か》が起こるようにまじないをする罪」のことです。

この「蠱」という漢字はまじないで用いられる毒虫のことです。おそらく皿の中に毒虫を入れて呪うという方法があったのでしょう（「蠱」という漢字は、人の心を惹《ひ》きつけ惑《まど》わす「蠱惑《こわく》」という熟語に使われています）。

■「沈黙」とはすなわち「祈り」である

このような祈りは、呪う相手が不幸になるようにと願っているので、一種の罪とみなされたわけですが、そのような罪が恨《うら》みの心を鎮めて幸福へと導いてくれるのが神社の「禰《ね》宜《ぎ》」（神職）の重要な役目なのです。

この「ねぎ」という呼び名は「ねぐ（祈）」という意味で、よって禰宜さんは神に向かって氏子《うじこ》や崇敬者《すうけいしゃ》たちに代わって幸福を祈願する役目をはたしているのです。

ところが、「禰宜」という語の本来の意味を尋ねてみると、「ねぎら（労）う」という言葉の「ねぎ」であることがわかります。この「ね（祈）ぐ」あるいは「ね（労）ぎ」とは「神様をねぎらうこと」で、つまり、神意を慰《なぐさ》め、神様に感謝して神様の「み心《こころ》」を安らかにすることが禰宜の重要な役目なのです。

この元来の意味がいつの間にか人間の方へ視点が移ってしまい、人間中心の祭りへと変化していったのだと考えられます。

前述したように、神職は神様のために奉仕することを第一義とすべきでありますが、その神様のための祭りが「世のため人のため」へと変わっていき、祈りの内容も「神様のためから人のため」へと移っていきました。

いまではもっぱら「神に祈る」という言い方をしますが、実は古代の人びとは「神を祈る」という言い方をいたしました。

「神に祈る」という言い方には、人びとが神様に対して祈りを届けようとする気持ちが強調されております。

それを前面に押し出しているので、ついつい神様への感謝の念が薄れてしまっているのが現代における「祈り」のように思えてなりません。

二十一世紀が幕を開ける頃から、世界各国がＩＴ（情報技術）時代に突入し、情報をいかに多く手に入れるかが競われる時代になってきました。情報は物質やエネルギーなどのように、生活の中で重要な意味を持つようになったと同時に、金を生み出すとても大切な資源になりました。

ところが、中には嘘の情報も多く、何が本物なのか、何が真実の情報なのかを見極めてキャッチする力が重要となりました。

そこで重視したいのは、「黙禱《もくとう》」です。つまり、現代のような情報に満ちあふれた世の中だからこそ「沈黙」が必要になります。

沈黙とは、別の言い方でいえば「祈り」に他なりません。

現代人が失っているものの一つは、このような「心静かに祈ること」すなわち「沈黙の祈り」であります。つまり「静謐《せいひつ》」すなわち「静かで落ち着いていること」が、現在の日本に求められていると思います。

いまを生きる

〝青春新書〟は昭和三一年に――若い日に常にあなたの心の友として、その糧となり実になる多様な知恵が、生きる指標として勇気と力になり、すぐに役立つ――をモットーに創刊された。

そして昭和三八年、新しい時代の気運の中で、新書〝プレイブックス〟にその役目のバトンを渡した。「人生を自由自在に活動《プレイ》する」のキャッチコピーのもと――すべてのうっ積を吹きとばし、自由闊達な活動力を培養し、勇気と自信を生み出す最も楽しいシリーズ――となった。

いまや、私たちはバブル経済崩壊後の混沌とした価値観のただ中にいる。その価値観は常に未曾有の変貌を見せ、社会は少子高齢化し、地球規模の環境問題等は解決の兆しを見せない。私たちはあらゆる不安と懐疑に対峙している。

本シリーズ〝青春新書インテリジェンス〟はまさに、この時代の欲求によってプレイブックスから分化・刊行された。それは即ち、「心の中に自らの青春の輝きを失わない旺盛な知力、活力への欲求」に他ならない。応えるべきキャッチコピーは「こころ涌き立つ〝知〟の冒険」である。

予測のつかない時代にあって、一人ひとりの足元を照らし出すシリーズでありたいと願う。青春出版社は本年創業五〇周年を迎えた。これはひとえに長年に亘る多くの読者の熱いご支持の賜物である。社員一同深く感謝し、より一層世の中に希望と勇気の明るい光を放つ書籍を出版すべく、鋭意志すものである。

平成一七年

刊行者　小澤源太郎

著者紹介

三橋 健〈みつはし たけし〉

1939年、石川県生まれ。神道学者。神道学博士。國學院大學大学院文学研究科神道学専攻博士課程を修了。永年、國學院大學神道文化学部および同大学院教授を務め、2010年、定年退職。現在は、日本の神道文化研究会の代表として活躍している。おもな著書に、『国内神名帳の研究(論考編・資料編)』(おうふう)、『神道の常識がわかる小事典』『神社の由来がわかる小事典』(いずれもPHP研究所)、『伊勢神宮　日本人は何を祈ってきたのか』(朝日新聞出版)、『図説 あらすじでわかる！日本の神々と神社』(小社刊)など神道・神社に関する啓蒙書が多くある。

運《うん》を開《ひら》く
神社《じんじゃ》のしきたり

青春新書
INTELLIGENCE

2018年3月15日　第1刷

著者　三《みつ》橋《はし》　健《たけし》

発行者　小澤源太郎

責任編集　株式会社プライム涌光

電話　編集部　03(3203)2850

発行所　東京都新宿区若松町12番1号 〒162-0056　株式会社青春出版社

電話　営業部　03(3207)1916　振替番号　00190-7-98602

印刷・中央精版印刷　製本・ナショナル製本

ISBN978-4-413-04534-6

©Takeshi Mitsuhashi 2018 Printed in Japan

本書の内容の一部あるいは全部を無断で複写(コピー)することは著作権法上認められている場合を除き、禁じられています。

万一、落丁、乱丁がありました節は、お取りかえします。

こころ涌き立つ「知」の冒険!

青春新書
INTELLIGENCE

青春新書インテリジェンス 大好評のロングセラー

図説 日本の神々と神社
あらすじでわかる!

三橋 健

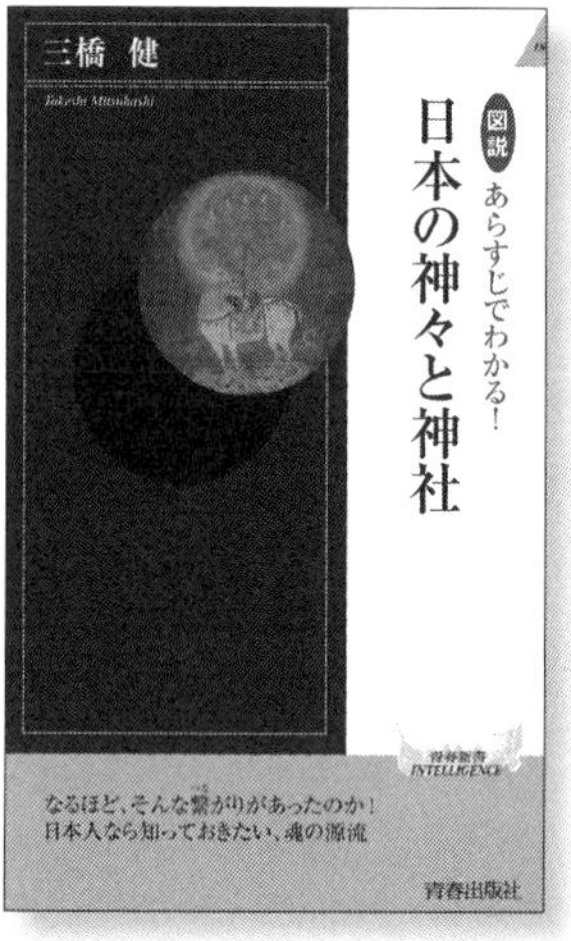

日本の神様にはどんなルーツがあるのか?
伊勢・出雲・厳島・稲荷・八幡信仰の違いとは…

なるほど、そんな繋《つな》がりがあったのか!
日本人なら知っておきたい、魂の源流

ISBN978-4-413-04275-8 1050円

お願い ページわりの関係からここでは一部の既刊本しか掲載してありません。折り込みの出版案内もご参考にご覧ください。

※上記は本体価格です。(消費税が別途加算されます)
※書名コード(ISBN)は、書店へのご注文にご利用ください。書店にない場合、電話または Fax(書名・冊数・氏名・住所・電話番号を明記)でもご注文いただけます(代金引換宅急便)。商品到着時に定価+手数料をお支払いください。
〔直販係 電話03-3203-5121 Fax03-3207-0982〕
※青春出版社のホームページでも、オンラインで書籍をお買い求めいただけます。ぜひご利用ください。〔http://www.seishun.co.jp/〕